El Cachorro, la pluma, y el juguete para mordisquear:

El secreto para sanar cualquier cosa

El Cachorro, la pluma, y el juguete para mordisquear:

El Secreto para Sanar Cualquier Cosa

Compartido Por

Sarahni Stumpf

(Susan P. Stumpf, PA, MAc)

© 2019 por Susan P. Stumpf

Derechos reservados. Prohibida la reproducción total o parcial de esta obra, en cualquier medio electrónico o mecánico, sin autorización escrita del autor.

Las regalías del autor, menos los impuestos correspondientes, serán donados a Diamond Mountain, Inc. 501 (c) 3 número 86-0959506, como una forma de agradecimiento por los programas que ofrece.

Ninguna parte de este libro está pensada como tratamiento sugerido para algún trastorno.
Por favor manténgase en contacto con su proveedor de la salud.

Ilustraciones de Vimala Sperber
Fotografía de portada cortesía de Katey Fetch

Diseño de Richard Fenwick
Diseño de portada de Lori Lieber

ISBN: 978-0-57862-265-1

*Por el poder de la verdad de que el amor,
la compasión y la sabiduría crearon el cielo en la tierra,
que el uso dado a este libro erradique la experiencia
del mal-estar de nuestro mundo para siempre.*

Tabla de contenidos

Introducción	3
Creando las causas que crean los resultados que queremos: semillas mentales	9
Las Semillas mentales y las Cuatro Leyes	17
Las Cuatro Flores	23
Los Cuatro Pasos y los Cuatro Poderes	27
Repaso de los Cuatro Pasos	67
Eliminando las semillas que no queremos	73
Los Cuatro Poderes	75
Al Final: ¿Cómo serán las cosas?	85
Para los profesionistas de la salud	87

Preguntas y respuestas	93
¿Qué hay sobre Dios?	103
Colofón	105
Programa para uso diario	107
Apéndice	129
Historias para crecer	145
Reconocimientos	175
Sobre Sarahni	177

*Qué maravilloso es que nadie
deba esperar un sólo momento
para poder empezar a mejorar el mundo*

Anne Frank

Introducción

Ofrezco este libro y mi gratitud a todos mis compasivos y talentosos maestros, quienes han compartido conmigo el camino a la sanación, el camino a la verdad. Mi intención es compartir contigo la esencia de sus enseñanzas para que puedas beneficiarte inmediatamente de ellas, si es que así lo decides.

Sufro frecuentemente de dolores de cabeza de diferentes intensidades, entre ellos migrañas, cefaleas tensionales y otros tipos de dolores. El que sea que se te ocurra, ese me aflige. Estos dolores de cabeza los sufro desde hace más de veinte años, y los otros dolores desde que tengo memoria. Algunos me exigen reposo absoluto por varios días, otros sólo me convierten en una persona malhumorada y desagradable. De hecho, ahora mismo tengo un dolor de cabeza mientras me siento finalmente a escribir esto para ti.

Llevo más de un año pensando en escribir este libro; y ahora me doy cuenta de que toda mi vida adulta fue para recopilar la información y experiencias que usaré para este proyecto.

Tal vez estés pensando ¿por qué debo escuchar a una persona que aún sufre de dolores de cabeza y que está escribiendo acerca de los Cuatro Pasos para la sanación? El que yo viva con estos dolores de cabeza y otros malestares físicos es justo la razón por la cual estoy escribiendo este libro. Y hará falta leer el libro completo para que puedas entender precisamente a qué me refiero. Si en este momento decidieras tirarlo a la basura no te culparía, aunque te pediría que mejor lo regalaras. Pero, sospecho que tienes algún problema persistente que te gustaría resolver, de lo contrario no te habrías interesado en este libro. Así que, quisiera animarte a ser curioso y tener una mente abierta para descubrir lo que te voy a compartir. Después de haberlo leído, también te animo a intentar aplicar lo que te sugiero antes de juzgarlo. Si te aplicas adecuadamente, habrás aprendido una herramienta para toda la vida que no sólo te servirá a ti, sino que también podrá servir a los demás de formas que jamás hubieras imaginado. Te reto a que domines el material y que después lo compartas. De hecho, verás que para dominar esta técnica, es necesario que la compartas. Por eso escribo este libro: al compartir este conocimiento, me volveré una experta y así terminaré con los dolores cabeza, los malestares y las enfermedades de todos, incluyendo las mías.

¿Tiene sentido todo esto? Probablemente aún no.

Antecedentes

Me desarrollé profesionalmente como asistente médico certificado en medicina de atención primaria, ahora ya me he retirado. Durante la mayor parte de mi carrera trabajé con médicos de ideas vanguardistas que además me alentaban y apoyaban a continuar mi entrenamiento en métodos alternativos de sanación. Aprendí acupuntura, enfocada principalmente en el método japonés Terapia Diagnóstica Hara de los Meridianos;

aprendí sobre homeopatía, técnicas de relajación, algunas formas de trabajar el cuerpo sutil, y la desensibilización a reacciones ambientales. Mi práctica médica consistía en el manejo del dolor crónico del paciente, y usaba principalmente la acupuntura como mi herramienta terapéutica. Encontré que el tratamiento era sumamente efectivo, aunque en otros y no en mí misma. Resultó que la acupuntura no me funcionó, ni tampoco la mayoría de los métodos que aprendí para poder ayudar a los demás. Durante el proceso yo experimentaba conmigo misma; en ocasiones, obtuve resultados mínimos, pero la mayoría de las veces mis dolores persistían. Sin embargo, muchas otras personas si respondían bien a estos métodos (aunque no todos ayudan a todos).

Pero ¿qué significa esto? Si estos tratamientos son el verdadero origen de la sanación, ¿por qué no funcionan siempre? Y si no funcionan siempre, ¿cómo podemos depender de ellos para sanar? Los tratamientos que elegimos, aunque estén basados en suposiciones inteligentes, son como un juego de azar. Es emocionante ver que el tratamiento es el correcto y que se puede resolver el problema de un paciente pero, en mi experiencia de años, los pacientes inevitablemente desarrollaban algún otro reto a la salud que a veces respondía, o no, a los tratamientos seleccionados.

Entonces pensé: ¿existirá alguna forma de que la gente realmente sane? ¿Acaso no es posible que las personas vivan su vida sin dolor crónico o alguna enfermedad crónica? Tal vez algún resfriado o esguince de tobillo ocasional, pero ¿cuánta gente sufre constantemente de algún malestar crónico? ¿Tiene que ser así? ¿Por qué no los puedo ayudar? ¿Por qué no puedo saber exactamente qué método funcionará para cada persona? ¿Hay algo que pueda funcionar siempre?

Creo que estos cuestionamientos fueron la causa de la llegada de mis maestros espirituales a mi vida. Durante unos quince años, ellos me revelaron un método de pensamiento y comportamiento que da respuesta a mis preguntas. No es algo que ellos hayan inventado, sino que lo extrajeron de las antiguas escrituras heredadas de un linaje ininterrumpido de maestros. Curiosamente este método y su aplicación no son exclusivamente de alguna tradición en particular, fácilmente se puede modificar para encajar con cualquier tradición religiosa o no religiosa. Esto se debe a que las creencias religiosas no son necesarias para que exista el fenómeno de causa y efecto, y es esto con lo que estamos lidiando en este momento.

Suposiciónes básicas

Iniciaremos con algunas suposiciones básicas las cuales te pido por favor no aceptes a ciegas, sino piensa en ellas con detenimiento. Si no estás de acuerdo con ellas o con sus conclusiones, entonces no te tomes la molestia de leer el resto del libro, regálalo. Y si lo regalas, me gustaría sugerirte que le digas a esa persona "espero que este libro te pueda ayudar", ya que al hacerlo, tarde que temprano, tendrás otro libro, taller, maestro o algo que llegue a tu vida para ayudarte. ¡El mecanismo de causa y efecto funciona aun cuando estés o no de acuerdo con este principio!

Suposición #1: Todos quieren ser felices emocionalmente, mentalmente y físicamente, lo cual incluye su salud.

Todo lo que pensamos, decimos y hacemos es impulsado por el deseo profundo de obtener lo que queremos y evitar aquello que no queremos... Sin embargo, ¿qué tan seguido piensas "me siento completamente feliz"? Si eres como yo, ¡no muy seguido!

Suposición #2: Seguramente no sabemos cómo crear la felicidad, de lo contrario únicamente haríamos eso. Crear la felicidad es tan fácil como hacer un pastel. Si sigues la receta, el resultado será un pastel.

Seguramente no sabemos cuál es la receta de la felicidad, de lo contrario estaríamos disfrutando de un pastel todo el tiempo. Estaríamos pensando "qué increíble, soy tan feliz, yo creo que no podría estar mejor...".

Suposición #3: Todo lo que existe y todo lo que nos sucede es el resultado de alguna causa.

Nada puede provenir de la nada. Nada aparece de una manera aleatoria. Hay una causa para todo, y esa causa en sí tuvo que ser resultado de una causa previa.

Conclusión lógica: Si queremos felicidad, esta tendrá que ser el resultado de alguna causa.

Si sabemos crear las causas de la felicidad, y lo hacemos, la felicidad será el resultado. Si podemos aprender a cómo crear las causas para tratar la enfermedad y curarla, entonces ese será el resultado. Podemos aplicar este método a cualquier cosa.

Aquí no nos referimos a una solución temporal o una curación milagrosa, aunque ambas son posibles. Aprender a crear las causas de la felicidad es una cosa, pero hacerlo es otra cosa. Necesitarás hacer un verdadero esfuerzo para poder aplicar estas nuevas formas de pensamiento y conducta. Nunca, o casi nunca, una persona se aplica a desarrollar un nuevo comportamiento basándose únicamente en las palabras de una figura de autoridad, ni tampoco por sólo escuchar cómo una persona se benefició al hacerlo. Parece ser que necesitamos saber cómo funciona algo antes de sentirnos dispuestos a probarlo, especialmente en este caso, para poder hacer los cambios de los que hablamos.

Debido a esto, voy a intentar explicar el proceso de cómo crear las causas que nos darán los resultados que queremos, a diferencia de sólo reaccionar a los resultados que perpetúan aquello que no queremos. Después, compartiré estos Cuatro Pasos para aplicar este proceso a tu vida. Por último, ofreceré una guía práctica para ayudarte a romper los viejos patrones de comportamiento y a aprender nuevos hábitos.

Creando las causas que crean los resultados que queremos:

Semillas mentales

Ningún acto bondadoso, sin importar qué tan pequeño sea, es en vano.

Esopo

¿Existe algún adulto en todo el mundo que no haya escuchado el axioma: "cosechamos lo que sembramos"? ¿O cualquier frase parecida en otros idiomas? Cuando era adolescente y adulto joven pensaba, "claro, lo que yo hago se me regresa". Pero en la práctica no me parecía que fuera real. No reflexionaba profundamente sobre el verdadero significado, así que sólo lo aplicaba a mi vida ligeramente. Frecuentemente me sentía decepcionada cuando algo desagradable ocurría, ya que sentía que yo era una muy buena persona. ¡Al menos eso pensaba!

Hay cuatro cosas que debemos de saber sobre este axioma y cuatro formas en que se manifiesta en nuestras vidas. Hay dos métodos de cuatro pasos cada uno, a través de los cuales podemos aprovechar concienzudamente este axioma para obtener los resultados que buscamos. Parece ser mucha información, pero en realidad es más sencillo que aprender a leer, y eso lo hiciste cuando sólo tenías seis o siete años. Esto lo puedes aprender también. Primero explicaré el proceso de cómo funciona esto, y luego entraremos en el tema que mi maestro llama el 4x4.

Cosechamos lo que sembramos.

Estamos cosechando lo que hemos sembrado.

No podemos cosechar lo que no hemos sembrado.

Cosecharemos lo que estamos sembrando.

Usemos la analogía de una jardinera que está sembrando su huerto con verduras y flores. Supongamos que ella quiere cosechar tomates, zanahorias, lechuga y margaritas, y para lograrlo ella sabe que debe de sembrar semillas de tomate, semillas de zanahoria, semillas de lechuga y semillas de margaritas. Ella prepara la tierra arrancando la hierba, removiéndola, agregando fertilizantes con nutrientes, y por último sembrando sus semillas. Después las riega, las protege de merodeadores, y arranca las hierbas que vuelven a salir. Cultiva y espera a que los tomates maduren, a que la lechuga sea grande y verde, que las zanahorias

Semillas de la amistad

Pamela Rasada
como se le platicó a Sarahni Stumpf

Mi amiga Pam le enseñó a su amigo de ocho años acerca de los Cuatro Pasos.

"Me gustaría tener un amigo", dijo el niño. *"Así que tengo que ayudar a que otra persona encuentre un amigo, ¿correcto?".*

Así es.

"¡Tía Pam, funciona!", exclamó dos semanas después.

"¿Qué funciona?", ella preguntó.

"Ayudar a otra persona a que encuentre un amigo. Le presenté un niño a otro niño que solía estar solo todo el tiempo. Ahora los tres somos amigos. ¡Funcionó!"

crezcan y que las margaritas sonrían. Finalmente, ella disfruta los frutos de su labor y si conoce el 4x4, compartirá su cosecha con otros porque sabe que con esta acción asegurará una buena cosecha en el futuro. Ella sabe que, si este año tuvo una buena cosecha, fue porque compartió sus cosechas pasadas. Si no obtuvo una buena cosecha este año, ella sabe que es el resultado de no haber compartido su cosecha con otros en el pasado.

¿Cómo puede ser posible? Tal vez tu mente esté dando vueltas con muchas preguntas. ¿Qué tal si fuera la primera vez que ella cultiva? ¿Cómo podría obtener algún resultado? Mucha gente tacaña posee riquezas, mucha gente generosa no posee mucho. Gente buena aún se sigue enfermando, y algunas personas crueles son saludables. Iremos viendo estos puntos más adelante. Permíteme mostrarte una forma de descubrir esto por ti mismo.

Imagínate que estoy parada frente a ti, deteniendo una pluma que puedes observar claramente (esto funciona mucho mejor en persona, así que inténtalo tú mismo). Observas el objeto y te pregunto, "¿qué es esta cosa que estoy sosteniendo?". Inmediatamente contestas, "es una pluma". Luego yo te digo, "¿pero qué sucede si llega un cachorro, qué es lo que él vería, qué haría con él?". Piensas un momento y probablemente respondas, "él lo olería, lo tomaría en su hocico y lo mordisquearía".

Así que el cachorro ve un palo para morder o un juguete, y no una pluma, ¿correcto?

Nuestras mentes luchan por insistir que el cachorro ve una pluma también, pero observamos como lo muerden en lugar de escribir con ella. Ahora, si la dejo sobre la mesa, y todas las

personas y perros dejan la habitación, en ese momento ¿qué es? La respuesta es que no puedes decir qué es. Simplemente encoges tus hombros, el símbolo universal de "no sé".

¿Qué nos dice esto acerca de la identidad y el funcionamiento de la pluma? Debe de venir de la mente de aquel que lo percibe, ya que si la naturaleza de "pluma" viniera de ella misma, si este objeto irradiara "pluma, pluma, pluma" como pensamos que lo hace, entonces todos los que lo vieran tendrían que ver una pluma y usarla como pluma. Sin embargo no es así, el perro ve un juguete para mordisquear, la mosca ve una pista de aterrizaje, y un bebé humano ve algo para agarrar. Así que la naturaleza del objeto depende del que lo percibe; del perro, de la mosca, del bebé, o de ti o de mí, no del objeto mismo.

Se refiere a que la identidad de un objeto depende de quien lo está percibiendo y qué es lo que están percibiendo, y no tiene ninguna otra identidad más que esa. Esto no hace que el objeto desaparezca, ni tampoco significa que nada tenga importancia. La extraordinaria implicación es que cualquier cosa tiene el potencial de ser cualquier cosa. Pero no por sólo desearlo. La identidad de cualquier objeto que viene de la mente del que percibe, proviene de semillas mentales, impresiones que resultan de cómo nos hemos visto a nosotros mismos pensar, hablar, o actuar hacia otras personas. Lo que pensamos, decimos o hacemos se graba, luego crece, se multiplica, y florece en cada momento que percibimos.

Esencialmente todo lo que experimentamos en cada momento de nuestras vidas es un reflejo de nuestro comportamiento pasado, pero al mismo tiempo nos brinda oportunidades para crear experiencias en el futuro. Habitualmente reaccionamos a nuestras experiencias y hacia las personas de una manera similar a las causas que las originaron, por lo tanto las perpetuamos. Este comportamiento es el florecimiento de las semillas que sembramos previamente, pero podemos aprender nuevos comportamientos. Podemos aprender a dañar las semillas negativas y fomentar la maduración de semillas positivas, convirtiéndonos rápidamente en personas que creamos el futuro que nosotros queremos de manera consciente en lugar de perpetuar aquello que no deseamos.

Tú mismo puedes descubrir por tu cuenta este concepto de "sin naturaleza propia." Sólo analiza cualquier objeto y considera lo siguiente, ¿existe alguien en el mundo que posiblemente lo vea diferente a como tú lo ves? Eventualmente concluirás que nadie "ve" el objeto de la misma manera, entenderás que esto es imposible. Ahora aplica este mismo cuestionamiento a tus acciones y emociones. No hay fin a lo que puedes investigar, y siempre terminarás concluyendo que no hay nada que no sea el florecimiento de tus semillas mentales. Tu conclusión final será: puedo sembrar semillas de manera intencional para crear un futuro placentero y feliz si soy amable con los demás, si deseo su felicidad. **Es realmente sencillo. Lo difícil es cambiar nuestros hábitos.**

¿Qué significa cuando decimos "cosechamos lo que sembramos"? "Sembramos" por medio de ser conscientes de nuestros propios pensamientos, palabras y acciones hacia los demás, lo cual aplica a cualquier cosa o ser que percibimos aparte de nosotros mismos. Cada momento que pensamos, hablamos o hacemos algo es grabado por nuestro subconsciente como si hubiera un aparato sofisticado externo grabando todas nuestras acciones y pensamientos. No hay un sólo instante que no sea registrado.

"Cosechamos" los resultados de esos pensamientos, palabras y acciones hacia otros a través de cada momento que

Eligiendo una nueva acción

Relato compartido por Jay Nair,
quien participó en el seminario de Sanación
usando los Cuatro Pasos

Un día descubrí que mis ocho plantas de tomate estaban infestadas con gusanos cornudos. Mi instinto me decía que debía de quitarlos y aplastarlos para proteger mis plantas, pero había demasiados, y además ya sabía acerca de las semillas mentales. Así que decidí obsequiarles las plantas, ¡disfrútenlas! En cuestión de dos días todas las hojas habían sido devoradas, sólo quedaban los tallos y los gusanos. Sin embargo a las dos semanas las hojas empezaron a brotar de nuevo dando como fruto los mejores tomates que jamás he cosechado. En el seminario había otras personas escuchando mi historia, y comentaron que ese año había sido el peor en cuestión de gusanos en la historia de Sacramento. ¡Nadie más cosechó tomates!

experimentamos, con la sensación de que esas percepciones vienen hacia nosotros en vez de que sean resultado del florecimiento de nuestras propias semillas mentales. La grabadora en nuestra mente nos proyecta esta película durante cada momento de nuestra existencia. Pero existe un retraso entre el momento inicial de la grabación y cuando esa película se nos proyecta, uno que normalmente es muy largo. Debido a este largo retraso se malinterpreta el funcionamiento de las cosas y de dónde provienen. Es como si estas grabaciones se enviaran más allá de Plutón y como un bumerán se dieran la vuelta y se nos regresaran. Cuando por fin regresan ya se nos olvidó que nosotros fuimos los autores. Culpamos a otras personas o cosas por lo que estamos viviendo en lugar de nuestras propias acciones pasadas.

Estos momentos grabados los llamamos semillas mentales o impresiones en nuestras mentes.

Las semillas mentales y las Cuatro Leyes

Entender los cuatro principios fundamentales de las semillas mentales nos ayudara a aplicar esta sabiduría a nuestras vidas.

1. Las antiguas escrituras dicen que "son definitivas".

Las impresiones mentales creadas por nuestro comportamiento hacia los demás y que percibimos como agradables, amigables o útiles definitivamente florecerán como experiencias placenteras. Cuando eres consciente de que le detienes la puerta a alguien que tiene las manos ocupadas, siembras semillas en tu mente que algún día florecerán en alguien ayudándote de alguna forma. Si te percibes a ti mismo lastimando a otros, siembras semillas en tu mente para que eventualmente florezcan en alguien lastimándote a ti en alguna forma, tal vez experimentaras una reacción adversa a una medicina, un accidente automovilístico, o peor. El que las semillas sean definitivas significa que las semillas de amabilidad darán resultados agradables, y las semillas de crueldad darán resultados desagradables. Nunca podrá ser de otra manera, de una semilla de tomate no puede nacer una planta rodadora, sin importar qué hagamos.

2. Las Semillas crecen.

Cuando una impresión mental se graba, se ve afectada por todas las impresiones que le siguen. Cada una va madurando, ajustándose y preparándose para florecer. Cuanto más tarde en florecer, "crecerá" más grande y se multiplica muchas veces. Así como una sola semilla de tomate puede dar una planta enorme llena de muchos tomates (¡suficientes para compartir!), y cada uno de ellos a su vez está lleno de muchas semillas. Nuestras semillas mentales hacen lo mismo, dando como resultado todas nuestras experiencias en cada momento de nuestras vidas en nuestro mundo. Realmente es extraordinario y milagroso, verdaderamente un sistema que crea una gran diversidad e infinitas posibilidades. Así que, cuando nos vemos a nosotros mismos amablemente deteniéndole la puerta a una persona que tiene las manos ocupadas, no sólo florecerá como un instante de otros ayudándonos, sino tal vez, en diferentes formas de recibir ayuda. Y lo mismo aplica cuando dañamos a otros, la semilla crecerá y se multiplicará.

3. Una semilla que no ha sido sembrada no puede dar resultados.

Estarás pensando "¡obviamente!", pero realmente no lo creemos. Frecuentemente sentimos que no nos merecemos lo que estamos viviendo. Recuerda la última vez que alguien se enojó contigo. ¿Acaso no pensaste que no te lo merecías? ¿Y cuál

fue tu reacción? Si eres como yo, probablemente te molestaste con esa persona, defendiendo tu inocencia y tratando de ganarles con tu enojo. ¡Oh no! Hemos vuelto a sembrar una nueva serie de semillas que crecerán y se multiplicarán y darán lugar a nuevas situaciones desagradables en donde otros se enojen con nosotros.

Qué tal si en lugar de responder con enojo y a la defensiva mejor pensamos, "caray, esto es una semilla mental desagradable que está floreciendo debido a un enojo mío del pasado. Por supuesto que no quiero sembrar de nuevo esta mala hierba". Mejor podemos responder, "siento mucho que estés enojado conmigo, ¿cómo te puedo ayudar?". Puede o no ayudar a detener el enojo de la otra persona, pero si mantenemos esta postura (o salimos corriendo) habremos plantado una nueva semilla. Así en el futuro, si nos enojamos con alguien, la otra persona responderá con amabilidad. Al no reaccionar con enojo, también logramos destruir algunos enojos pasados, y nuestras reacciones de ira futuras disminuirán. Incluso podemos destruir todas esas semillas completamente si nos aplicamos con entusiasmo. ¡Imagínate, nunca jamás sentir enojo, irritación, frustración, o resentimiento! Es posible. No hay nada que no podamos reconocer, nada de lo que nos suceda, agradable o desagradable, que no sea el resultado de algo que nosotros nos hemos percibido pensando, diciendo o actuando hacia otros, aunque no tengamos recuerdo de haberlo hecho. Una semilla que no ha sido sembrada no puede dar resultados.

4. Una semilla sembrada debe dar un resultado.

Ninguna semilla mental simplemente desaparece. La grabadora jamás se descompone ni se salta un instante. Absolutamente todas las percepciones son grabadas, dan vuelta, crecen, se multiplican y son afectadas por todas las otras semillas hasta que eventualmente maduran en un resultado: lo placentero brota de lo placentero, y lo desagradable brota de lo desagradable. Este es el mismísimo proceso de creación, un proceso milagroso y a prueba de errores.

Si pudiéramos realmente vivir de esta forma, podríamos crear el paraíso aquí en la tierra, un estado constante y perfecto de amor y compasión hacia todos los seres, incluyéndonos a nosotros mismos.

¿Pero entonces por qué no lo hacemos? ¿Por qué no lo vemos de esta manera? No lo vemos debido al periodo de retraso entre sembrar la semilla y el resultado. Vivimos engañados, o más bien, nos engañamos a nosotros mismos al pensar que lo que hacemos en este momento es la causa que da el resultado que vemos en el siguiente momento. Por alguna extraña razón vivimos conforme a esta idea, sin jamás cuestionarla, incluso cuando hacemos algo en el momento y no nos da los resultados que esperábamos. ¿Por qué aceptamos esto sin jamás preguntarnos qué está sucediendo?

Por ejemplo, cuando siento que tendré un dolor de cabeza, voy por las aspirinas, me tomo dos con un vaso de agua y espero a que el dolor desaparezca en la siguiente hora. Pienso que hay algo en la aspirina que tiene la habilidad de aliviar ese dolor de cabeza. Pero a veces funciona y a veces no. ¿Qué nos dice esto acerca de la habilidad de la aspirina para aliviar mi dolor de cabeza? Si la causa de quitar mi dolor de cabeza fuera la aspirina, como pienso que sucede, entonces cada vez que tomara una aspirina me dejaría de doler la cabeza. Pero sólo funciona en algunas ocasiones. ¡A veces me deja de doler la cabeza después de comer papas fritas! Pero no siempre. ¿Qué está sucediendo? Para que algo sea la causa de otra cosa, siempre debe de dar el mismo resultado, de lo contrario debe de existir otro factor que es necesario incluir para obtener el resultado. Cuando la aspirina alivia mi dolor de cabeza, es debido a que las semillas mentales de cuando yo tuve la oportunidad de hacer sentir bien a alguien están floreciendo, por lo tanto yo siento alivio en este momento. Así que parece que la aspirina funcionó

Sembrando diariamente semillas de amor

Relato compartido por Jan Henrikson

Cuando voy manejando frecuentemente envío amor a todos los autos que están en el tráfico. Me imagino que todos nuestros deseos se cumplen o que todos sentimos alegría en ese preciso momento. Somos una configuración única de personas, y jamás estaremos juntos de la misma manera otra vez, así que debemos de tener alguna forma de conexión espiritual. Es mi oportunidad para inyectar amor a lugares y de maneras que normalmente no podría. Cuando veo ciclistas o corredores pasar a mi lado, les envió un mensaje, "¡Tú puedes! Tienes energía ilimitada". Cuando veo a alguien caminando lentamente o con dificultad, les ofrezco el siguiente pensamiento: "tienes suficiente tiempo, no hay prisa". Cuando veo a un recién nacido, les doy la bienvenida a este planeta, y les recuerdo quienes son y los lleno de amor. Después de sembrar todas estas semillas, no es ninguna sorpresa que un nuevo amor me encontró a mí. Se llama Jeff y casualmente es jardinero.

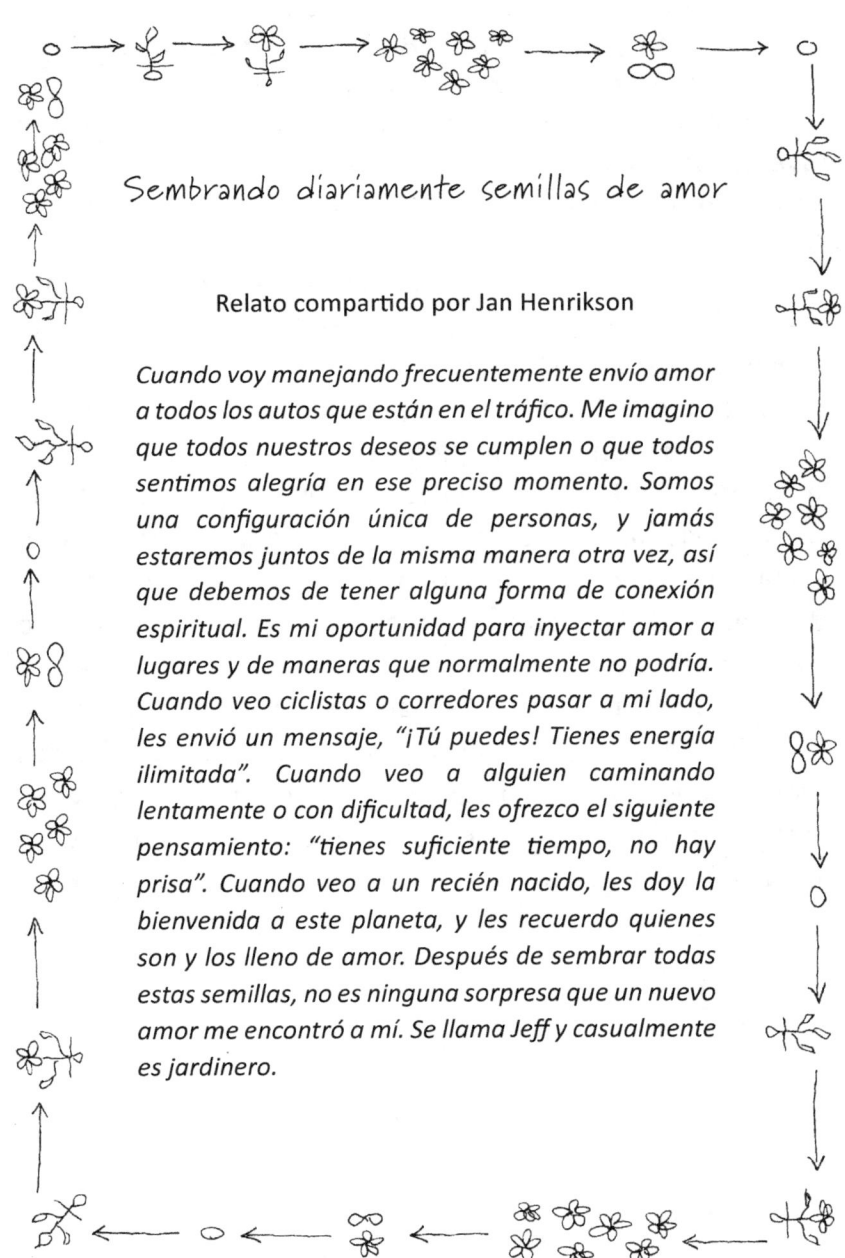

y de hecho así fue. La aspirina es un vehículo, el factor contribuyente por el cual la maduración de mis semillas llega. En las ocasiones en las que la aspirina no funciona, es porque las semillas que florecieron son de aquellas ocasiones en que tuve la oportunidad de ayudar a alguien a sentirse bien y no hice ningún esfuerzo para hacerlo. Entonces mi experiencia con la aspirina no me ayudó.

Si no hubiera un retraso entre sembrar semillas y experimentar sus resultados, cada vez que aplastáramos a un insecto, nuestras propias costillas se quebrarían. ¿Cuántos insectos tendrías que aplastar hasta aprender a no hacerlo? Una vez si fueras tonto, o ninguna vez si pudieras aprender de la experiencia de otros. Una vez que hayas dado cuenta de cómo funciona, ¿Qué pasaría si cada vez que le dieras dinero a una persona apareciera un depósito en tu cuenta de banco? Una vez que lo entiendas, ¿no estarías regalando tu dinero a cada oportunidad que se te presentara? De esta manera tendrías siempre suficiente para regalar. ¿Qué pasaría si todos lo hicieran? ¿Qué tal si tratáramos de ayudar a todas las personas que veamos que no se sienten bien y hacerlas sentir bien, aunque sea sólo con una sonrisa, un comentario amable, o al menos un pensamiento bondadoso?

Las Cuatro Flores

Para poder sanar el cuerpo humano es necesario tener el conocimiento de todas las cosas.

Sócrates

Me imagino que a estas alturas te estarás preguntando, "¿qué tiene que ver todo esto con la sanación?". Llegaremos a ese punto, pero primero necesitamos entender algunas otras cosas sobre las semillas mentales. Mi maestro las llama las Cuatro Flores, las cuatro formas en las que una semilla florece.

1. Cualquier semilla mental florecerá y regresará a nosotros como un evento similar.

Si compartes tu comida con otra persona que tiene hambre, florecerá como alguien compartiendo contigo algo que necesitas. Acaparando todos los tomates, florecerá en un jardín que no dará ningún tomate, o como el no poder obtener algo que deseamos porque otra persona lo está acaparando todo.

2. Las semillas mentales florecen como el hábito de reaccionar de la misma manera a como las plantamos.

Cuando florece una semilla de alguien enojado con nosotros y nos enojamos con tal persona, perpetuamos ese evento desagradable. Cuando florece una semilla de alguien admirándonos, reaccionamos con admiración hacia ellos (generalmente).

3. Las semillas florecen como condiciones ambientales y en las personas que nos rodean, reflejando el comportamiento con el que plantamos la semilla y perpetuando su continuidad.

Si sembramos semillas mentales de mentirle a otros, estas acciones florecerán como morder un fruto que en apariencia se ve maduro y delicioso, pero en realidad no tiene sabor o está podrido. La fruta "nos mintió" al tener una apariencia atractiva y sabrosa pero sin cumplir la expectativa que generó su apariencia. Además, nos encontraremos rodeados de personas que nos mienten, y no nos creen incluso cuando decimos la verdad, lo que tiende a reforzar el comportamiento de mentir. Por otro lado, las semillas que florecerán del haber cuidado a otros, como rescatar a un perro de un refugio de animales y cuidarlo, resultarán en un ambiente en donde nuestras necesidades serán satisfechas. Alguien estará ahí para "rescatarnos" cuando lo necesitemos. ¿Entiendes a qué me refiero?

4. Nunca nos quedamos sin semillas mentales.

Aquellos que han visto este proceso directamente en un estado de profunda meditación nos dicen que las semillas se siembran a la velocidad de sesenta y cinco semillas por instante, y que maduran a la velocidad de sesenta y cinco percepciones sutiles por instante. Durante el largo lapso de tiempo entre la siembra y la maduración de cada semilla, ésta se multiplica. Así que siempre hay suficientes semillas para que maduren en tu próximo momento, jamás se agotarán las reservas. Esto es alentador y aterrorizante al mismo tiempo. Aterrorizante debido a que muchas de esas semillas que rápidamente se multiplican fueron sembradas con egoísmo, y por lo tanto madurarán de una forma desagradable. Alentador porque nunca estarás sin

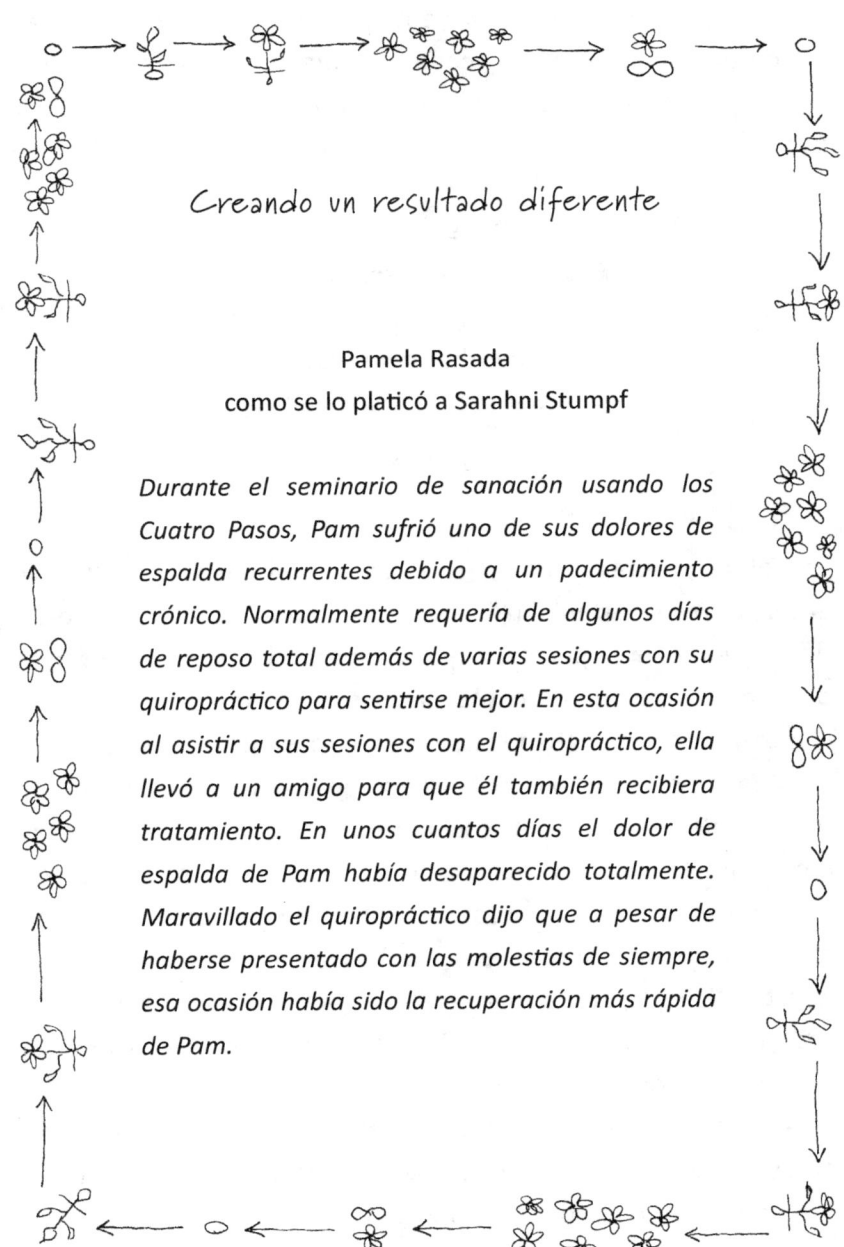

Creando un resultado diferente

Pamela Rasada
como se lo platicó a Sarahni Stumpf

Durante el seminario de sanación usando los Cuatro Pasos, Pam sufrió uno de sus dolores de espalda recurrentes debido a un padecimiento crónico. Normalmente requería de algunos días de reposo total además de varias sesiones con su quiropráctico para sentirse mejor. En esta ocasión al asistir a sus sesiones con el quiropráctico, ella llevó a un amigo para que él también recibiera tratamiento. En unos cuantos días el dolor de espalda de Pam había desaparecido totalmente. Maravillado el quiropráctico dijo que a pesar de haberse presentado con las molestias de siempre, esa ocasión había sido la recuperación más rápida de Pam.

sembrar y cosechar semillas mentales, y seguramente llegará el día en que todos sepamos como sembrar únicamente semillas de amor bondadoso, para que maduren en un paraíso terrenal para todos.

> *Por esto digo:*
> *El que siembra escasamente,*
> *también segará escasamente;*
> *y el que siembra generosamente,*
> *generosamente también segará.*
>
> 2 Corintios 9:6

Tal vez te preguntes "¿y qué pasa con todas las semillas de egoísmo que ya están ahí?". Si se están multiplicando más rápido de lo que maduran pareciera que estamos condenados a sufrirlas por un tiempo interminable, incluso si nunca volviéramos a sembrar más de tales semillas, lo cual es poco probable, ¿cierto?

Buena pregunta. Mis maestros dicen que si empiezas a sentir un poco de ansiedad con respecto a este punto, entonces estas empezando a tener un buen entendimiento de la naturaleza de este proceso. Pero no te preocupes. El retraso del tiempo también es un regalo, dándonos el espacio necesario para trabajar sobre nuestros hábitos anteriores. No necesitamos vigilar rígidamente cada uno de nuestros pensamientos de manera inmediata, más bien a través de nuestra conciencia del proceso, y con la práctica del 4x4 se volverá cada vez más natural que pensemos, hablemos y actuemos con la intención de sembrar semillas. Esto nos permitirá tomar mejores decisiones cuando actuemos.

Los Cuatro Pasos y los Cuatro Poderes

Ahora nos toca comprender los dos métodos para aplicar esta sabiduría en nuestra vida diaria. El primero se refiere a los Cuatro Pasos para sembrar lo que queremos. El otro a los Cuatro Poderes para eliminar lo que no queremos. Aprenderemos a aplicar estos métodos a la sanación (o cualquier cosa) o a la razón por la cual abriste este libro.

Los Cuatro Pasos

Los Cuatro Pasos para crear lo que queremos son los cuatro puntos fundamentales para acortar el lapso de tiempo entre sembrar las semillas mentales y que estas semillas maduren para obtener los resultados que queremos.

Los Cuatro Pasos:

1. Reconocimiento adecuado.
2. Planeación.
3. Acción intencionada.
4. Regocijarse con el final.

Los Cuatro Poderes

Los Cuatro Poderes para eliminar semillas sembradas cuyos resultados no deseamos son los cuatro puntos fundamentales para dañar esas semillas y que no maduren, o al menos maduren debilitadas. Este proceso también nos ayuda a eliminar el hábito de seguir sembrando este tipo de semillas.

Los Cuatro Poderes:

1. Reconocimiento.
2. Arrepentimiento.
3. Remedio.
4. Restricción.

Cada una de las cuatro partes, tanto de los Cuatro Pasos como de los Cuatro Poderes, se deben aplicar para que esto funcione completamente. Es importantísimo para nosotros poder ver los resultados de nuestros esfuerzos en un periodo de tiempo que podamos reconocer para probarnos a nosotros mismos que esta sabiduría es cierta. Cuando nosotros dominemos dichos comportamientos, tendremos un claro entendimiento de las verdaderas causas de nuestras experiencias. Esto reforzará nuestra nueva conducta, facilitando esta práctica. Seremos más felices, porque es divertido vivir una vida bondadosa y que tales acciones resulten en experiencias agradables, aun cuando las semillas de crueldad estén floreciendo de vez en cuando. Disfrutaremos de los momentos de crueldad como oportunidades para quemar esas semillas, sin que sean replantadas, y plantar en su lugar más semillas de bondad.

Aprendiendo los Cuatro Pasos

Paso 1: Reconocimiento Adecuado

Debemos reconocer apropiadamente los resultados que queremos para descubrir qué semillas plantar. La jardinera se esforzará para obtener resultados específicos y no plantará una combinación de semillas al azar. Si ella quiere margaritas, ella sabe que debe plantar semillas de margaritas. Cuando ella obtenga margaritas, ella no se decepcionará porque no haya claveles. Plantamos las semillas equivocadas para obtener los resultados que deseamos, porque la mayoría de las veces reaccionamos automáticamente a una situación y no creativamente. Y acabamos por culpar a alguien más por no haber obtenido lo que esperábamos.

Tal vez un compañero de trabajo y tú están siendo considerados para que uno sea promovido en el trabajo, y tú piensas que al señalar las faltas de tu compañero a los administradores y exaltar tus propias capacidades, será una manera efectiva de ser promovido de puesto. Pero no lo sabes. ¿De dónde provienen esas semillas de no haber sido elegido para el puesto? Tiempo atrás, tú interferiste en la selección de alguna persona.

"Los estúpidos administradores se perdieron de una gran oportunidad", estarás pensando, "yo soy la mejor persona para el trabajo". Tu resentimiento probablemente influirá de una manera negativa en la calidad de tus interacciones con la administración y con tu compañero que ha sido promovido. Culpando y sintiéndote resentido con la administración crearás las semillas de que alguien más te culpe y esté resentido contigo. ¡Ah! Lo hacemos frecuentemente, ¿o no?

Es mejor escoger a alguien que quiera ser elegido para algo (un juego, un club, un grupo) y exaltar sus cualidades ante quienes hagan la selección. Este sería un comportamiento más sabio para cultivar las semillas adecuadas y obtener los resultados deseados: ser elegido para la próxima promoción.

> *Cada pensamiento es una semilla, si plantas manzanas silvestres no esperes cosechar manzanas Golden Delicious.*
>
> Bill Meyer

Apliquemos ahora el primer paso a la sanación.

Puedo asumir que tienes algún problema relacionado con la salud y que afecta negativamente tu bienestar. ¡"Por así decirlo", habrás pensado! El paso del reconocimiento adecuado, establece clara y sucintamente lo que queremos obtener al aplicar los Cuatro Pasos. Comencemos creando una oración de lo que queremos obtener.

Nuestra oración con una adecuada identificación puede ser:
Yo quiero curarme de mi _____.
O, *yo quiero ser sanada de mi* _____.
O para nosotros quienes somos más pragmáticos:
Yo quiero un método más efectivo para manejar mi _____.
O incluso: *yo quiero que el dolor artrítico y la limitación de movimiento de mi padre sea aliviado.*

Cuando hacemos nuestro enunciado "Yo quiero..." hay varias cosas que debemos de tener en cuenta. Primero, ten en cuenta que estamos hablando con nuestro subconsciente y también

Promoción gracias a los Cuatro Pasos

Narrado por Carlos Flores

Yo sabía que la posición administrativa era deseada por uno de mis compañeros de trabajo en mi departamento de la empresa. A pesar de haber considerado inicialmente la posibilidad de obtener la posición, después pensé que sería de mayor beneficio quitarme de en medio y ayudar a otros a obtener esa posición. Inmediatamente después de que la vacante fue ocupada, me ofrecieron transferirme al departamento de evaluaciones, y este era el departamento al cual yo había soñado pertenecer desde hace años.

Las demandas de este departamento para mí se incrementaron, especialmente porque representó un reto de aprendizaje y porque además soy el "chico nuevo". A veces me encontraba abrumado por tanto trabajo, y además, como yo soy el administrador de un sistema que otros utilizan, recibía muchas peticiones de ayuda de otros compañeros. Ya puedes imaginar que estos usuarios fueron la salvación para que yo pudiera terminar mi trabajo durante el día. A veces debía decidir cuáles tareas realizar primero, las mías o las peticiones de los demás, y la mayoría del tiempo daba prioridad a las de los demás; y mágicamente mis propias tareas eran terminadas a tiempo.

con el universo entero, y ambos lo interpretan de una manera literal. Tal vez pensemos que estamos siendo claros, pero existen algunas suposiciones que desconocemos. Por ejemplo, podemos hacer la siguiente oración, "quiero que mis dolores de cabeza desaparezcan". Esto parece obvio, pero una de las formas para que mis dolores de cabeza desaparezcan es que yo muera, y esto no es el resultado que yo estoy buscando. O tal vez podamos decir "ya no quiero sentir dolor" pero la percepción del dolor es una herramienta necesaria para reconocer el peligro, como cuando tocamos una sartén caliente e inmediatamente quitamos la mano antes de que nos ocasione una herida grave. Realmente no queremos estar libres de dolor, lo que en realidad queremos es estar libres de angustia y de sufrimiento.

Recuerda, para que los resultados que deseamos se concreten, debemos plantar las semillas mentales que servirán como las causas. Esto significa que debemos vernos a nosotros mismos ayudando a alguien con un problema de salud (a continuación vendrán los pasos dos y tres). Entonces, si elaboramos nuestro enunciado "Yo quiero..." como si se tratara de un milagro, entonces nosotros necesitamos la habilidad de poder ayudar a alguien a que viva un milagro. Si piensas que no puedes hacerlo, entonces no lo pidas. Por otro lado, si mejoramos nuestro entendimiento de los Cuatro Pasos, obtendremos resultados impresionantes.

Antes de hacer nuestro enunciado "Yo quiero..." veamos qué es lo que queremos decir con sanación. ¿De dónde viene? ¿Por qué algunos tratamientos funcionan algunas veces y otras veces no? De acuerdo con el diccionario (¡usé el Random House Dictionary of English Language College Edition 1968!).

CURAR significa: 1. Método o tratamiento para una enfermedad; 2. Tratamiento exitoso para restablecer la salud;

7. Aliviar o eliminar algo problemático o perjudicial, como una enfermedad o un mal hábito.

SANAR significa: 1. Completar o robustecer, restaurar la salud, libre de enfermedad; 4. Realizar una curación; 5. Relativo a una herida o hueso fracturado, etc. reconstruirse, hacerse robusto, enmendarse, mejorar.

SALUD significa: 1. Condición general del cuerpo y de la mente con referencia al bienestar y el vigor; 2. Robustez de cuerpo y mente, libre de enfermedades o afecciones; 4. Vigor, vitalidad.

REMEDIO significa: 5. Restaurar al estado natural o condición propia, corregir.

Curiosamente, cuando yo ejercía la profesión médica, todas estas palabras tenían connotaciones muy específicas. "Curar" significaba que todo lo patológico había desaparecido, y que el estado normal de salud se había restablecido. "Sanar" significaba que la angustia había sido resuelta sin importar si la patología persistía o no. Pero mientras más experiencia he obtenido, encuentro menos diferencia entre estas dos palabras. Las patologías de algunos pacientes regresarían a la normalidad pero su angustia podía continuar. Algunas personas padecen de una terrible patología pero no tienen angustia. Algunas otras personas, como yo, no tienen alguna patología pero sí una angustia física crónica.

¿Qué significa esta "buena salud" que todos queremos? ¿Por qué no la tenemos? ¿De dónde viene? ¿Cómo la recuperamos? ¿Por qué las medicinas a veces funcionan y a veces no, por qué funciona para algunas personas y para otras no?

Tú ya a sabes la respuesta: semillas mentales.

Pero ¿qué tipo de semillas? Si plantamos una semilla ambigua para obtener buena salud, nosotros obtendremos resultados ambiguos. Tenemos que ser lo más claros posible, sin embargo, no hay una sola respuesta para lo que es "buena salud". El nivel de salud percibido como bueno para una persona que está entrenando para escalar el monte Everest es muy diferente al de una persona de noventa años que está viviendo en una casa para jubilados. Realmente no podemos decir que una es mejor que la otra, es única para cada persona y sus circunstancias.

Considera cuidadosamente las características de lo que significa buena salud para ti. Haz una lista. Siempre puedes revisarla y cambiar los parámetros de salud que tú consideres.

En la medicina tradicional occidental, la enfermedad es una condición del cuerpo o de la mente, en donde existe un mal funcionamiento como resultado de factores hereditarios, infecciosos, dietéticos y ambientales. La disfunción puede generalmente medirse de alguna forma y es algo que se encuentra fuera del rango normal, es decir, algo patológico. Otras tradiciones médicas, como la medicina china, tibetana o ayurvedica, tienen explicaciones elaboradas sobre como la salud se mantiene en un constante y cambiante equilibrio de varios elementos en respuesta a circunstancias exteriores e interiores. Cualquier tipo de síntoma es una indicación de que este equilibrio se ha perdido, pero los resultados son los mismos: una patología de algún tipo que significa sufrimiento, angustia y alteraciones. En estos sistemas, los tratamientos también trabajan para restaurar el equilibrio en algunas personas, pero no en todas. Aún tenemos ese gran problema: cómo encontrar algo que funcione y en quién funcione, o aún mejor, algo que funcione para todos.

Si tu respuesta es "semillas mentales", significa que estás empezando a comprender las ideas discutidas. Nuestra buena salud, o la falta de ella, debe ser el resultado de la constante maduración de las impresiones de nuestra grabadora personal, que muestran como nosotros hemos cuidado a los demás. Recuerda que tal vez fueran grabadas hace muchísimo tiempo o fueron hechas de una manera muy sutil. También recuerda que estamos constantemente reaccionando frente a personas o cosas de la forma que habitualmente lo hacemos y esto perpetuará los resultados que estamos viviendo. En este punto, no es tan importante identificar las acciones del pasado, sino identificar las nuevas formas de conducta que plantarán las semillas para obtener una mejor salud.

Te ofrezco una parte de cuatro ejercicios que te ayudarán de una manera concisa a identificar tus enunciados. (Ver apéndice sobre las verdaderas causas de la sanación).

Primero, hagamos una reflexión. Usando un sistema de revisión de listas, haz un inventario de tu estado actual de salud. Escribe sólo una o dos por cada lista. ¿Qué es lo que tú consideras como tener "buena salud"? Después señala si lo tienes o no, o si deseas mejorarlo.

Segundo, decide el nivel de importancia de cada lista en la que deseas que haya mejoría. Utiliza la escala del 1 al 5, en donde el 1 es la más importante y el 5 es la de menor importancia.

Tercero, observa todos los "1" para tratar de identificar un tema en común. Tal vez todos tus "1" se relacionan con la fatiga, la falta de energía, una mente agotada o insomnio.

Cuarto, haz un breve y conciso enunciado "Yo quiero..." que refleje lo que descubriste en la tercera parte. Por ejemplo: "yo quiero la energía y vitalidad necesaria para hacer las cosas que yo quiero".

Ahora ya estamos en el proceso de identificar nuestras ideas sobre lo que es tener una buena salud y los obstáculos que queremos superar, todos esos detalles de nuestro enunciado

"Yo quiero..." están en nuestro subconsciente. No necesitamos incluir cada detalle en el enunciado. Es como la jardinera que cuidadosamente escoge cuáles vegetales y flores plantará.

Es esencial que nuestro enunciado "Yo quiero..." tenga un enfoque positivo. Evita palabras como no, no se puede u otras negaciones: "ya no quiero tener más dolores de cabeza". Por alguna razón este tipo de enunciados tiene un menor impacto en nuestro subconsciente que un enunciado positivo. Es como si estuvieras quitando algo y dejando un hoyo negro, en lugar de poner algo nuevo. El enunciado positivo desplazará lo viejo, mientras que el hoyo negro regresará a lo antiguo. Cuando yo estaba ayudando a las personas a dejar de fumar, me di cuenta que era útil (entre otras cosas) colocar chicles o pica dientes en el lugar en donde ellos guardaban su paquete de cigarros. Entonces cuando trataban de tomar sus cigarros del lugar donde habitualmente los encontraban, se topaban con chiches. Tratar de tomar un cigarro y no encontrarlo crea cierta ansiedad al no poder obtener lo que queremos, sin embargo tratar de tomar un cigarro y encontrarse con un chicle, promueve un comportamiento libre de humo.

Ahora ya hemos completado el primer paso: RECONOCIMIENTO ADECUADO.

"Yo quiero tener la energía y vitalidad necesaria para poder hacer las cosas que quiero hacer".

Paso 2: PLANEACIÓN

Estamos listos para el segundo paso: la PLANEACION.

La planeación consiste en considerar cómo podemos ayudar a alguien más a conseguir lo que ellos quieren y que sea similar a lo que nosotros queremos.

Tenemos que planear cuáles semillas plantar y para quién. Una vez que la jardinera ha decidido lo que quiere plantar, tiene que decidir cómo arreglar los vegetales y las flores en el espacio que tiene. Ella sabe que algunos vegetales necesitan sol, mientras otros necesitan un área sombreada. Cuidadosamente ella escoge cuáles secciones del jardín serán las mejores para lo que ella quiere plantar. De esta manera ella optimiza el uso de su espacio y asegura que sus plantas sean felices.

De la misma manera, nuestra siguiente tarea será planear cuáles semillas necesitamos plantar y cómo plantarlas para iniciar el proceso de obtener los resultados que señalamos en el paso 1: reconocimiento adecuado. Recuerda que lo que pensamos, decimos y hacemos a los demás es lo que planta nuestras semillas. Entonces necesitamos descubrir qué es lo que debemos pensar, decir y hacer a los demás y cómo estas actividades se relacionan con nuestro enunciado "Yo quiero…". Recordemos nuestro ejemplo de desear la energía y vitalidad necesaria para hacer lo que "yo quiero". Esto significa que necesito planear y enfocarme para poder ayudar a otros a obtener energía y vitalidad.

Sospecho que estás pensando, "si yo supiera cómo mejorar mi energía y vitalidad, ya lo hubiera hecho" o "¿cómo puedo ayudar a otros a obtener energía y vitalidad si todo lo que he intentado no me ha dado resultado?". Pon atención a lo que dices y piensa en términos de semillas mentales. ¿Puede ser que los métodos que hayas usado para restaurar tu energía no te funcionen a ti, pero tal vez funcionen para alguien más? Si funciona o no también depende de las semillas mentales. Hacer el esfuerzo de ayudar a alguien a mejorar su salud es suficiente para que esta acción se manifieste en personas ayudándote. Al continuar ayudando a otros, empezarás a verlos más saludables y tú también tendrás salud.

El paso de la planeación requiere un poco de esfuerzo. Si ya has intentado varios métodos de sanación, haz una lista de ellos. Tal vez haz intentado masajes, acupuntura, medicamentos, Tai Chi, y han tenido resultados limitados, a pesar de haber sido recomendados para ayudarte. Investiga en Internet y descubre otras recomendaciones que existen para aliviar tu condición. Estas recomendaciones pueden darte ideas de cosas que puedes usar o recomendar a otros en tu esfuerzo por ayudarles. Familiarízate con prácticas generales de salud que puedas compartir.

Luego, necesitamos encontrar a alguien que quiera algo similar a lo que tú quieres. Mientras más parecido sea, el método será más efectivo. Dependiendo qué tan específico sea tu enunciado "Yo quiero..." puede ser difícil encontrar a alguien parecido. Personalmente ésta es la parte que yo considero más difícil. Tengo la tendencia de ser una persona introvertida y se me dificulta preguntarle a la gente sobre su salud o sus afecciones, excepto en mi capacidad profesional, éste es undefecto  que también es el resultado de semillas mentales. Es un acto bondadoso preguntar sobre los sentimientos de las personas y escuchar lo que tienen que decir. Piensa en aquellas ocasiones en

Prácticas convencionales para una vida saludable

Mantener un peso ideal.
Tener una rutina regular de ejercicios.
Comer una dieta baja en grasas saturadas y alta en fibra, con muchas frutas y vegetales.
Acudir al médico regularmente para un chequeo anual de acuerdo a tu edad.
Tener tus vacunas al corriente.
Dejar de fumar, o no empezar a fumar.
Tomar alcohol con moderación.
Relajarte.
Duerme adecuadamente.
Practica sexo seguro.
Cepíllate los dientes y usa hilo dental con regularidad.
Ten cuidado con la exposición al sol.
Maneja con precaución.
No uses el celular mientras manejas.
Siempre utiliza el cinturón de seguridad.
No manejes si estás intoxicado.
Ve a Alcohólicos Anónimos o algún grupo similar si es que lo necesitas.
¡Ríete mucho, especialmente de ti mismo!

las que alguien ha mostrado una verdadera preocupación por ti y lo bien que se siente cuando alguien te cuida. Es cierto, tienes una doble intención; estás buscado a alguien que tiene una condición similar a la tuya. Pero, estarás plantando semillas de bondad tan solo al escuchar lo que le aflige a los demás. Tal vez tengas una sugerencia sobre su condición, aun cuando ésta no sea igual a la tuya. ¡Por supuesto, puedes también compartir este libro con ellos! Tarde que temprano, alguien te va a preguntar cómo es que te fue posible alcanzar lo que esperabas utilizando los Cuatro Pasos, en ese momento estarás más que dispuesto a compartir tus experiencias y ensenarles cómo utilizar los Cuatro Pasos. Este método es el verdadero, que siempre funciona… eventualmente; al compartirlo con otros. Pero primero necesitas comprobarlo por ti mismo.

Esta parte se pone un poco difícil. Aún estamos en la etapa de la planeación, pero hay algunos puntos importantes sombre nuestra conducta que debemos discutir antes de continuar con el paso número 3: la acción. Es vital tener en mente que cuando hacemos algo, esto regresará a nosotros. No hay excepciones. Podemos transformarnos en fanáticos tratando de ayudar a otros a alcanzar su salud, pero tal vez ellos no estén interesados en hacerlo. Si nosotros no queremos que alguien nos moleste, sea fisgón o criticón, entonces tampoco nosotros podemos tratar a los demás de esa manera. Tal vez nos perciban como alguien que no los puede ayudar. No te ofendas. Reconoce en qué parte de nuestras vidas estamos rechazando la ayuda de otros o juzgando su capacidad para ayudarnos (ya sea en cuestión de salud u otro asunto). El tratar de ayudar a otros a obtener lo que quieren (a pesar de no ser exactamente lo que nosotros queremos o necesitamos) incrementa la posibilidad de que surja el resultado que nosotros buscamos.

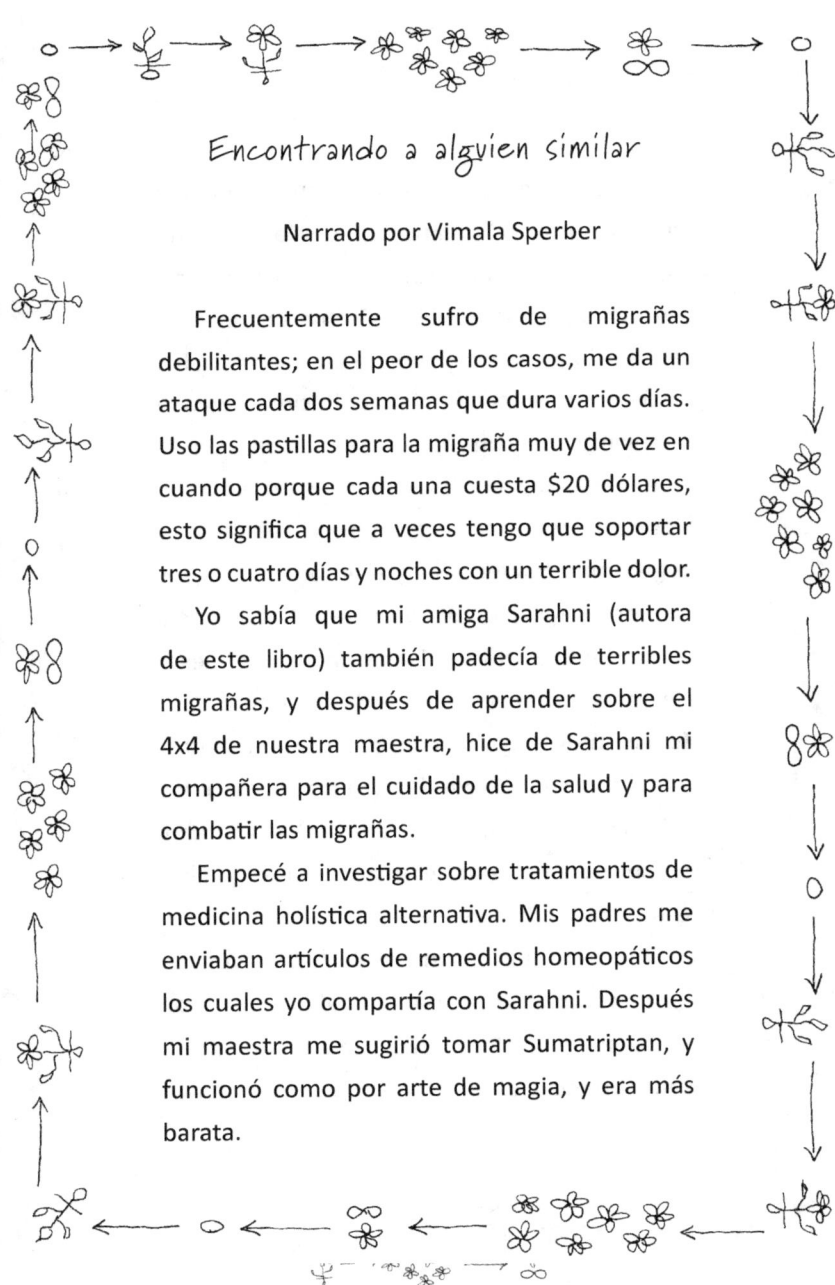

Encontrando a alguien similar

Narrado por Vimala Sperber

Frecuentemente sufro de migrañas debilitantes; en el peor de los casos, me da un ataque cada dos semanas que dura varios días. Uso las pastillas para la migraña muy de vez en cuando porque cada una cuesta $20 dólares, esto significa que a veces tengo que soportar tres o cuatro días y noches con un terrible dolor.

Yo sabía que mi amiga Sarahni (autora de este libro) también padecía de terribles migrañas, y después de aprender sobre el 4x4 de nuestra maestra, hice de Sarahni mi compañera para el cuidado de la salud y para combatir las migrañas.

Empecé a investigar sobre tratamientos de medicina holística alternativa. Mis padres me enviaban artículos de remedios homeopáticos los cuales yo compartía con Sarahni. Después mi maestra me sugirió tomar Sumatriptan, y funcionó como por arte de magia, y era más barata.

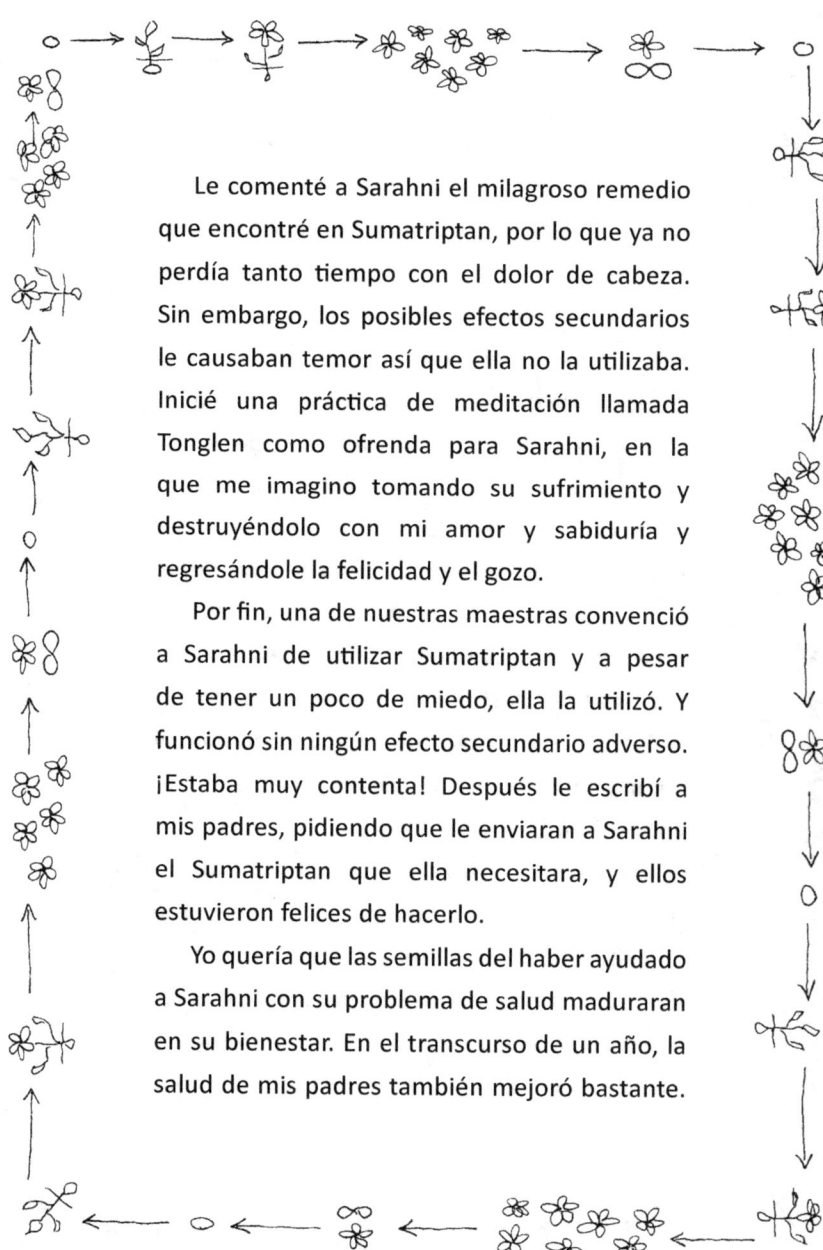

Le comenté a Sarahni el milagroso remedio que encontré en Sumatriptan, por lo que ya no perdía tanto tiempo con el dolor de cabeza. Sin embargo, los posibles efectos secundarios le causaban temor así que ella no la utilizaba. Inicié una práctica de meditación llamada Tonglen como ofrenda para Sarahni, en la que me imagino tomando su sufrimiento y destruyéndolo con mi amor y sabiduría y regresándole la felicidad y el gozo.

Por fin, una de nuestras maestras convenció a Sarahni de utilizar Sumatriptan y a pesar de tener un poco de miedo, ella la utilizó. Y funcionó sin ningún efecto secundario adverso. ¡Estaba muy contenta! Después le escribí a mis padres, pidiendo que le enviaran a Sarahni el Sumatriptan que ella necesitara, y ellos estuvieron felices de hacerlo.

Yo quería que las semillas del haber ayudado a Sarahni con su problema de salud maduraran en su bienestar. En el transcurso de un año, la salud de mis padres también mejoró bastante.

El Secreto para Sanar Cualquier Cosa

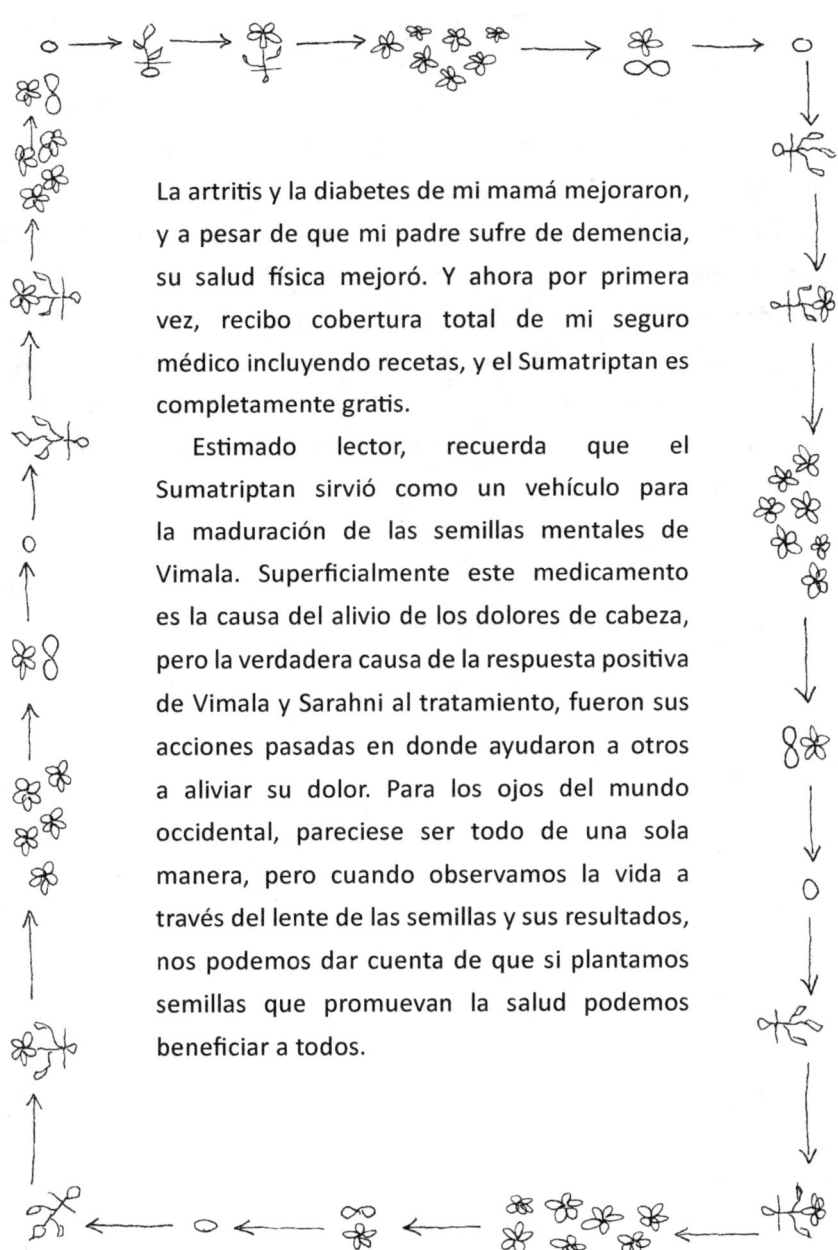

La artritis y la diabetes de mi mamá mejoraron, y a pesar de que mi padre sufre de demencia, su salud física mejoró. Y ahora por primera vez, recibo cobertura total de mi seguro médico incluyendo recetas, y el Sumatriptan es completamente gratis.

Estimado lector, recuerda que el Sumatriptan sirvió como un vehículo para la maduración de las semillas mentales de Vimala. Superficialmente este medicamento es la causa del alivio de los dolores de cabeza, pero la verdadera causa de la respuesta positiva de Vimala y Sarahni al tratamiento, fueron sus acciones pasadas en donde ayudaron a otros a aliviar su dolor. Para los ojos del mundo occidental, pareciese ser todo de una sola manera, pero cuando observamos la vida a través del lente de las semillas y sus resultados, nos podemos dar cuenta de que si plantamos semillas que promuevan la salud podemos beneficiar a todos.

Nuestra actitud hacia nuestro amigo para el cuidado de la salud es importante. Podemos ser egoístas y utilizarlo sólo para beneficiar nuestra salud, sin embargo esas semillas madurarán y nos veremos rodeados de personas egoístas que nos ayudan a obtener nuestra salud para sus propósitos.

Es importante entender bien este proceso, en el que genuinamente queremos ayudar a los demás a sentirse bien y reconocer que los efectos de nuestros esfuerzos, tarde o temprano, se manifestarán en una mejor salud y estaremos rodeados de personas que realmente se interesen por nosotros. ¿Cuál escenario prefieres? ¿Cuál escenario piensas que los demás escogerían?

Sugerencias de prácticas alternativas para una vida saludable

Tai Chi.
Yoga.
Natación.
Qi gong.
Medicina alternativa/herbolaria, homeopatía
    ayurvedica, medicina tradicional china/acupuntura.
Utiliza los suplementos nutricionales adecuados.
Caminar 20 minutos diarios.
Estira tu cuerpo.
Utiliza especias como forma de medicina.
Limpia tu hígado con una guía adecuada.
Limpia tu intestino con una guía adecuada.
Relájate regularmente.
Duerme las horas apropiadas.
Utiliza un dispositivo de lavado nasal para mantener
    los senos paranasales limpios.
Escucha música con regularidad.
Canta.
Baila.
Juega.
Evita la exposición a la contaminación.
Adopta una mascota, cuídala y quiérela mucho.
Date un masaje regularmente.
Socializa.
Muéstrate presente y disponible para los demás.
Minimiza la exposición a la radiación.
Toma respiraciones profundas.
Sonríe.
Ríe.
Medita con regularidad.
Haz trabajo voluntario.
Atiende tu vida espiritual.
Disciplina tu comportamiento y tu mente para que se
    encaminen hacia la bondad.

Protegiendo la vida

Para satisfacer nuestras necesidades, para amar y ser amado, para sentirnos seguros en el mundo y para conocer nuestro propósito en la vida, se necesita simplemente crear estas bendiciones para los demás.

Bryant McGill, La Voz de la Razón

Eventualmente nos daremos cuenta de que algo sucede con estos métodos convencionales para mejorar la salud, ya que les falta una manera más sutil de proteger la vida, lo que pensamos, hacemos y decimos a los demás, incluyendo nuestro comportamiento hacia los animales e insectos. Como parte del proceso de plantar se incluye nuestro comportamiento presente y pasado. Será de gran valor el dejar de aplastar insectos o usar pesticidas en nuestros jardines. Mejorará nuestras vidas detenernos cuidadosamente en cada alto mientras manejamos y conducir al límite de velocidad, y así proteger la vida de los demás. Será de gran valor sacar a caminar a nuestro perro o al perro del vecino regularmente, donar sangre o ser voluntario en un refugio (animal o humano). Pero no impongas estas ideas poco convencionales a los demás, no juzgues a los demás por lo que tú observas que están haciendo, porque lo que estás viendo que ellos hacen son manifestaciones de la maduración de tus semillas mentales. Mejor cambia esas semillas.

Aún estamos hablando sobre nuestro plan para seleccionar aquellas acciones para el cuidado de la salud que nos traerán bienestar. Me llevó bastante tiempo aprender estos Cuatro

Pasos, y eso que estaba viviendo junto a un grupo de personas que también los estudiaban. Nos llamamos a nosotros mismos "los amigos de los Cuatro Pasos". Aprendimos a reconocer cómo es que servíamos al próximo al ayudarle a plantar las semillas específicas que necesitaba para resolver sus problemas. Si no estamos rodeados de personas que actúen o piensen como nosotros, no necesitamos anunciar: "te estoy ayudando de esta manera para poder ayudarme a mí mismo". Cuando llegue la hora, lo podremos compartir. Por el momento, es mejor mantener las semillas mentales que sembramos para nosotros mismos.

Además me di cuenta que el pedir ayuda puede ser también una poderosa semilla. Si yo veo que alguien tiene un problema similar al mío, y les pido que me ayuden con mi problema, esto plantará la semilla para recibir ayuda de muchas formas y se manifestará como otros pidiendo mi ayuda. La persona que trató de ayudarme recibirá la ayuda que necesita, y finalmente yo también recibiré ayuda.

Esto conlleva a otro punto. Tendemos a tener nociones preconcebidas de lo que significa "ayudar" y quién nos puede ayudar. Estas nociones preconcebidas bloquean nuestra habilidad de reconocer las manifestaciones de los resultados que están apareciendo en nuestras vidas. Tal vez despreciemos la sugerencia de alguien que nos dice que hagamos una dieta de sandía sin investigar las posibilidades, o a pesar de que nuestro doctor nos da una nueva medicina que quita el dolor de cabeza en una hora en vez de las 18 horas que regularmente tardaría, estamos pensando que no estamos obteniendo los "resultados de las semillas". Esperamos que nuestro dolor de cabeza simplemente desaparezca, y como no desapareció (todavía), no damos crédito a los resultados positivos del medicamento que nos ayuda a que nuestras semillas maduren. Parte de la magia de los Cuatro Pasos es observar con una mente abierta y con curiosidad como es que las semillas que ahora plantamos conscientemente empiezan a madurar. Tal vez lo hagan de una forma muy sutil o muy obvia. Lo más probable es que sea una combinación de las dos. Una vez que empecemos a reconocer los resultados, la confianza en nuestra práctica de los Cuatro Pasos se disparará y entonces los aplicaremos en otros aspectos de nuestras vidas.

¿De qué otra manera podemos encontrar a un compañero para los Cuatro Pasos, que tenga problemas de salud similares a los nuestros? Existen muchos grupos de apoyo para varias afecciones. Contacta al hospital local o la oficina del doctor y encuentra alguno que tenga necesidades similares a las tuyas. "¡Grupo de apoyo! ¡Oh no!" (¡Mi mente dice!); pero ahora que ya sabes sobre las semillas mentales, los grupos de apoyo tienen sentido. Te verás a ti mismo ayudar a muchas personas en situación similar a la tuya, solamente por el hecho de estar ahí. Es así como funcionan los grupos de apoyo.

Si tus padres aún viven y tiene problemas de salud, ellos son una buena opción para aplicar los Cuatro Pasos, aun cuando ellos tengan problemas diferentes a los tuyos. Así como también lo es tu guía religioso, si es que tienes uno, o alguien que te ha ayudado de alguna manera. Por lo tanto, cualquier persona necesitada es un buen candidato, por lo que ser voluntario en un refugio o cocinar en una cocina comunitaria de vez en cuando son maneras de plantar semillas para mejorar tu bienestar.

Una vez que hayas planeado tus actividades y a quién estarán dirigidas tus acciones nos enfocaremos en plantar nuestras semillas para el cuidado de la salud. Además, necesitamos establecer un horario para dichas actividades, un horario que nosotros y nuestro compañero de los Cuatro Pasos podamos cumplir por determinado tiempo. Tal vez esto no quede muy bien definido hasta que encuentres la manera de cómo ayudar a esta persona en particular. El plan se completará una vez que se haya determinado el tiempo y hayas definido las maneras específicas de cómo ayudar a esta persona. Por ejemplo: "ofrezco llevar a nadar a mi amigo para el cuidado de la salud, dos veces al mes por cuatro meses, después evaluaré mi propia salud". Por supuesto, mientras más ayudemos, más rápidamente vendrán los resultados esperados. También recuerda que debemos ser razonables con nuestros propios horarios y obligaciones. Participando en actividades que mejoren la salud con regularidad, con confianza e intenciones nobles, es ya un cambio muy grande comparado con nuestras tendencias habituales de sembrar y recoger.

La planeación y la revisión regular de nuestro plan, es una manera muy poderosa de plantar semillas mentales para que estas florezcan rápidamente. Es divertido y relajante tener fantasías agradables sobre cómo podemos ayudar a otras personas a sentirse mejor. Por supuesto de una manera integral y legal. Esta actividad por sí sola, planta poderosas semillas y refuerzan las que ya fueron plantadas.

Semillas que mejoran vida / Protegen la vida:

Lleva a alguien a la sala de emergencias o a su cita con el doctor cuando se presente la oportunidad.
Lleva a pasear al perro, cualquier perro (con permiso del humano del perro, por supuesto).
Comparte un viaje en carro.
Maneja con precaución.
Remueve obstáculos: literal y figurativamente.
Comparte información.
Escucha a los demás.
Reúsa y recicla para disminuir los desperdicios.
Conserva los recursos.
Dona sangre o plaquetas regularmente.
Quedarse en casa cuando tienes una enfermedad contagiosa.
Practica una buena higiene.
Come frecuentemente platillos vegetarianos.
Selecciona pollos felices y huevos no fertilizados.
Compartir platillos vegetarianos con otros cuando tengas la oportunidad.
Evita matar insectos.
Realiza actos de bondad.
Actúa teniendo en mente que nuestras acciones beneficien a todos los seres sintientes.
Acarrea agua extra.
Libera gusanos de tierra que de otra manera serían usados como carnada para peces.
Libera peces y grillos en ambientes adecuados.
Pon atención a la seguridad en casa y en el trabajo.
Ayuda a los deshabilitados.
Busca maneras de cómo ayudar a los demás.
Quita las cosas peligrosas.
Remueve peligros.
Rescata una mascota de un refugio de animales y cuídala con amor.
Ayuda a recordarles a otros a tomar sus medicinas.
Ayuda a alguien a hacer ejercicio regularmente.
Añade tus propias ideas...

Paso 3: ACCIÓN INTENCIONADA

Ahora ya hemos plantado las semillas, algo que, como ya lo había mencionado anteriormente, podemos hacerlo de una manera muy superficial o con gran consciencia de lo que estamos haciendo. Las semillas plantadas de una manera superficial generalmente se tardan mucho tiempo en madurar, y es casi imposible reconocer cuando maduren. Las semillas mentales plantadas con gran intención (positivas o desgraciadamente negativas) son más fuertes, madurarán más rápido y son reconocidas fácilmente por sus resultados.

¿Qué es esta noble intención que necesitamos? De hecho hay dos intenciones o mejor dicho, una con dos partes. Para poder plantar semillas mentales de tal forma que su maduración sea rápida, necesitamos tener en mente la intención de cada una de nuestras acciones, así como también un profundo entendimiento de que "recogemos lo que sembramos". Mientras más consciente estés de esto, mientras interactúas con tu amigo para el cuidado de la salud, más firmemente serán plantadas esas semillas. Esto requiere práctica. Al principio tal vez podamos recordarnos a nosotros mismos: "vengo a este grupo de apoyo para la fatiga crónica para poder verme a mí mismo ayudando a otros con fatiga crónica y así poder sentirme mejor".

Recuerda esto siempre que estés cansado(a) (¡!) o frustrado(a). Recuerda la razón por la cual estás ahí. Intenta recordar tus intenciones, como se hacía antes, atando un hilo alrededor de tu dedo, y piensa en tus intenciones cada vez que veas el hilo. Coloca una nota en tu bolso o una ilustración de una semilla mental en una tarjeta y llévala contigo. Mientras más pensemos en nuestras intenciones será mucho mejor.

¡Oye, esto realmente funciona!

La historia de una amiga como fue relatada a Sarahni Stumpf

Mi amiga tenía una vida muy difícil, padecía de narcolepsia desde que era una adolescente, y en muchas ocasiones fue mal diagnosticada como enfermedades autoinmunes, incluyendo pancreatitis recurrente.

Ella aplicó los Cuatro Pasos, y decidió formar un grupo de apoyo para las personas que padecían de narcolepsia. Ella empezó a preguntar cómo formar un grupo. Después conoció a una mujer cuya hija tenía narcolepsia. Ambas se juntaron para anunciar que empezarían un grupo. En el primer día, ellas esperaban estar solas las dos, pero para su sorpresa, 20 personas asistieron deseosas de compartir sus experiencias, el impacto de su padecimiento y lo que habían hecho para tratar de mejorar. El grupo de apoyo creció.

Eventualmente, mi amiga encontró un neurólogo que le recetó un medicamento y le dijo que no tendría efectos secundarios negativos. Milagrosamente su seguro médico pagó por el medicamento. La medicina le permitió manejar largas distancias sin quedarse dormida, le permitió despertarse temprano, enfocarse en su trabajo e incluso trabajar más horas.

Después de poco tiempo, ella formó parte de un gran retiro grupal y fue la responsable de tomar video de todos los programas. Esto requería que ella se levantara temprano, estuviera a tiempo y que trabajara hasta altas horas de la noche. Aun con la medicina, ella no estaba segura si podría cumplir con su compromiso. Entonces ella empezó a llenarse de júbilo al recordar cómo había iniciado el grupo de apoyo de narcolepsia. Y ¿qué sucedió? Por supuesto, ella siempre estuvo a tiempo, alerta y entusiasmada de completar sus tareas en el retiro sin algún problema. Este cambio hizo que tuviera confianza en la práctica de ayudar a otros y se dio cuenta de que el poder consiste en hacer crecer nuestras habilidades para poder ayudar a los demás. Esto es lo que realmente nos trae la felicidad.

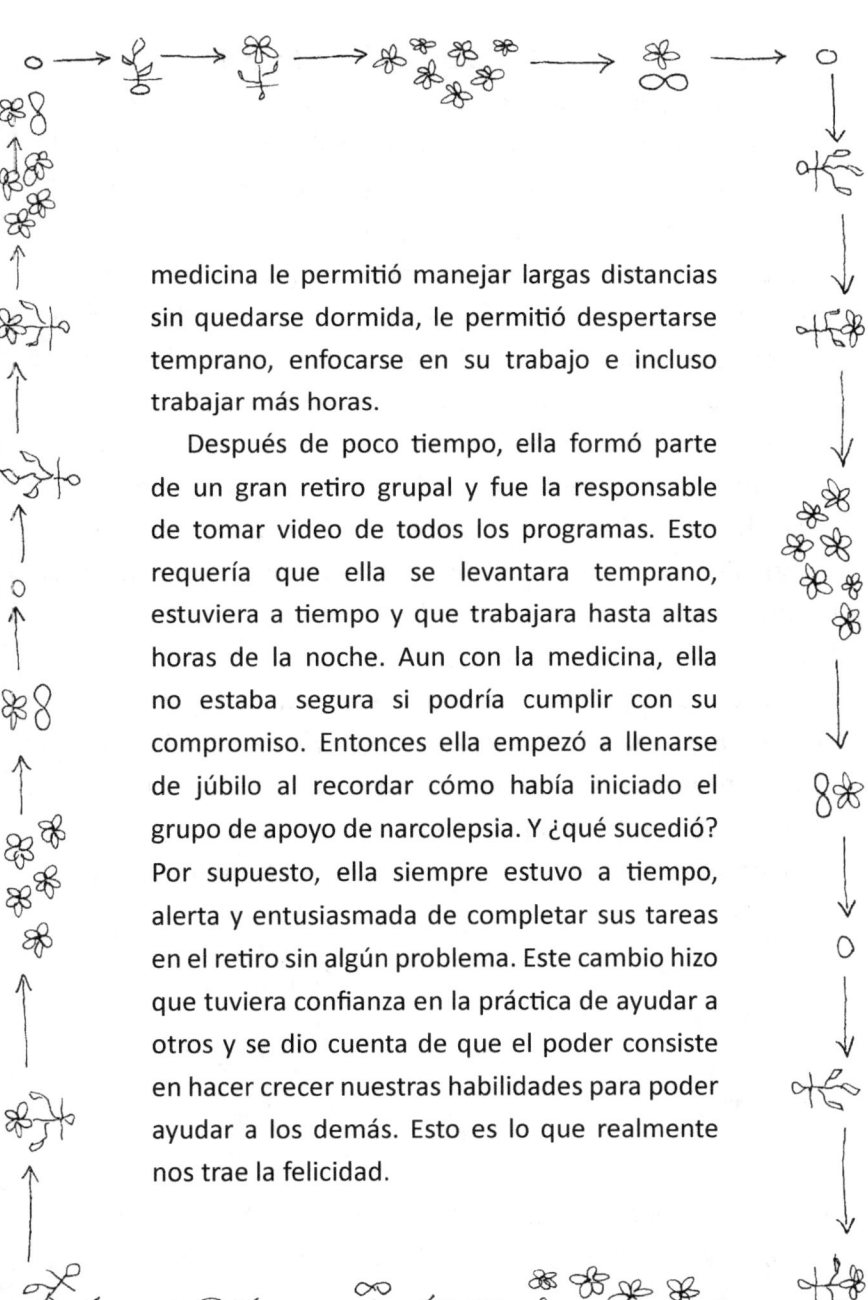

La segunda parte de nuestra intención noble, y aún más importante, tiene que ver con números. Si nos "vemos" a nosotros mismos actuando con una noble motivación hacia los demás para beneficiarlos (y por supuesto para nuestro beneficio) estamos plantamos una semilla muy poderosa que crecerá. Si nos "vemos" a nosotros mismos actuando con una intención noble hacia diez personas, estamos plantando diez semillas mentales muy poderosas que crecerán. Si plantamos estas semillas sólo con la intención de ayudarnos a nosotros mismos, estas poderosas semillas madurarán para que nosotros recibamos la ayuda que queríamos, pero la recibiremos sólo de personas que nos ayudan para obtener lo que ellos quieren. Estaremos rodeados de un mundo lleno de personas egoístas. Y nosotros no queremos eso, nosotros queremos estar rodeados de un mundo con personas felices y nobles, ¿no es así?

Nosotros podemos incrementar el poder de las semillas que plantamos y prevenir el aspecto egoísta, y para hacerlo debemos incluir en nuestra motivación el querer que todos sepan cómo mantenerse saludables al ayudar a otros a estar saludables. Todos significa todos, sin dejar fuera a alguien. ¿Cuántas semillas se

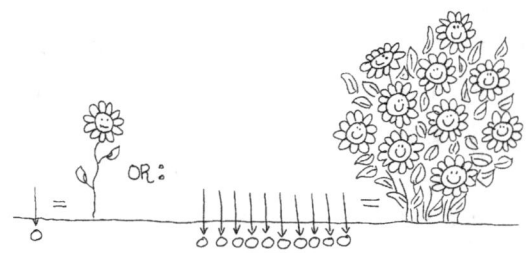

plantarán cuando nos veamos a nosotros mismos ayudando a una persona y visualizamos que todo el mundo se beneficia de nuestras acciones? Justo ésta es el arma secreta, la intención, que hace que la semilla sea muy poderosa y que madure más rápidamente en comparación con las otras semillas que no se plantaron con esta gran intención. Podemos incrementar el poder de las semillas que plantamos al imaginarnos que invitamos al grupo de apoyo y a todas las personas del mundo que padecen del síndrome de la fatiga crónica, para que ellos puedan ayudar a los demás a ser tan saludables como ellos lo quieren ser. En nuestra imaginación, todos van y organizan otros grupos de apoyo. Ahora todos están ayudando a todos. Y pronto dejará de existir este padecimiento, **¡y así hemos iniciado una revolución para el cuidado de la salud!**

"Que dulce es imaginar todo esto", tal vez lo dices con dudas en tu mente. Las semillas mentales son plantadas por lo que pensamos, decimos y hacemos. Nuestros pensamientos nos permiten visualizar una multitud de acciones que no es posible realizar físicamente. Te preguntarás ¿cómo puedo hacer esto mientras estoy participando en el grupo? ¿O mientras estás sirviendo en la cocina comunitaria o llevando a tu amigo anciano a su cita con el doctor? Si observamos nuestras mentes en este momento, nos daremos cuenta de la gran cantidad de cosas que podemos pensar mientras estamos ocupados en algo. Esto requiere de esfuerzo y entrenamiento para dirigir nuestros pensamientos de esta forma tan poderosa. Vale la pena el esfuerzo de esta explicación sobre los números, ya que es verdadera. Si no lo fuese, para ti que estás dudando, de todas maneras sería de gran beneficio el cultivar el control de nuestros pensamientos desordenados para así poder plantar semillas mentales de una manera más efectiva. Si podemos probarnos a nosotros mismos que este sistema funciona, tendremos el poder de lanzar una revolución de un nuevo tipo de comportamiento y así podrá esparcirse por todo nuestro mundo.

El Cachorro, la Pluma, y El Juguete para Mordisquear

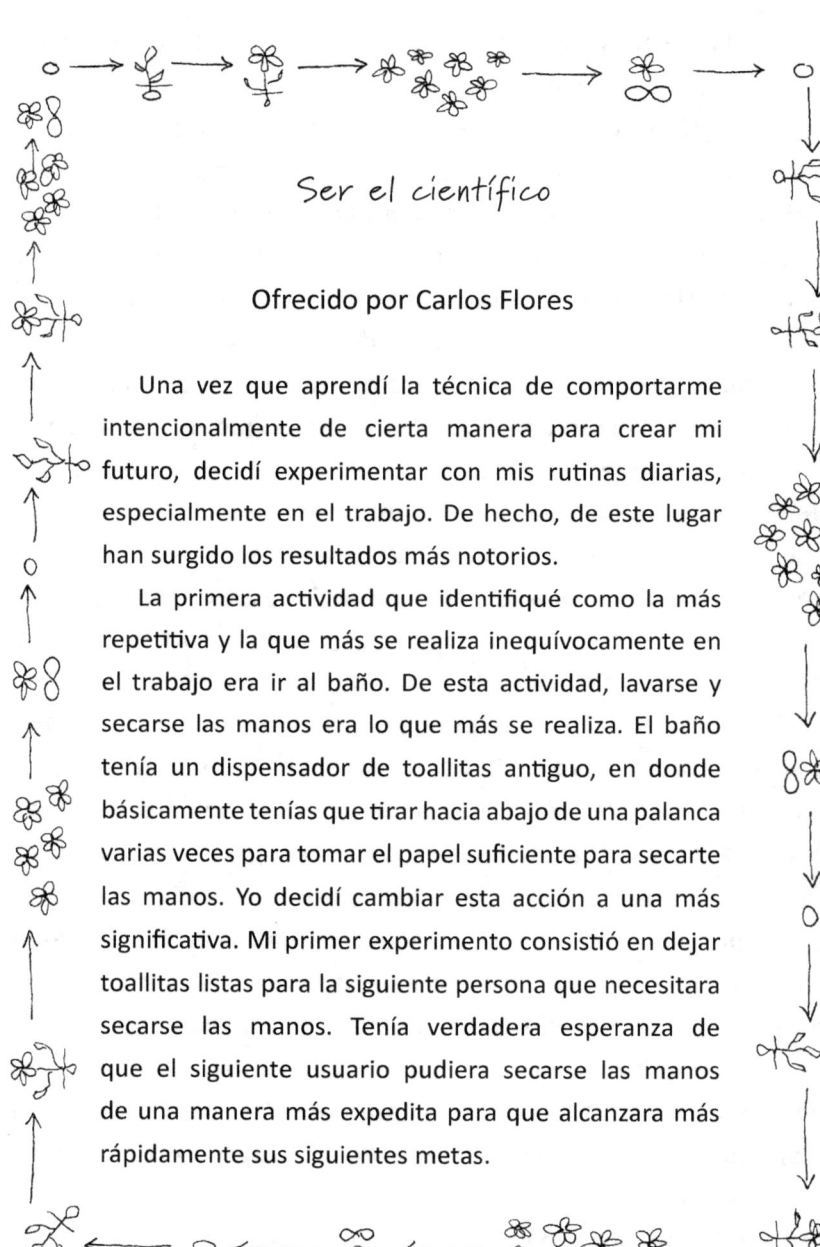

Ser el científico

Ofrecido por Carlos Flores

Una vez que aprendí la técnica de comportarme intencionalmente de cierta manera para crear mi futuro, decidí experimentar con mis rutinas diarias, especialmente en el trabajo. De hecho, de este lugar han surgido los resultados más notorios.

La primera actividad que identifiqué como la más repetitiva y la que más se realiza inequívocamente en el trabajo era ir al baño. De esta actividad, lavarse y secarse las manos era lo que más se realiza. El baño tenía un dispensador de toallitas antiguo, en donde básicamente tenías que tirar hacia abajo de una palanca varias veces para tomar el papel suficiente para secarte las manos. Yo decidí cambiar esta acción a una más significativa. Mi primer experimento consistió en dejar toallitas listas para la siguiente persona que necesitara secarse las manos. Tenía verdadera esperanza de que el siguiente usuario pudiera secarse las manos de una manera más expedita para que alcanzara más rápidamente sus siguientes metas.

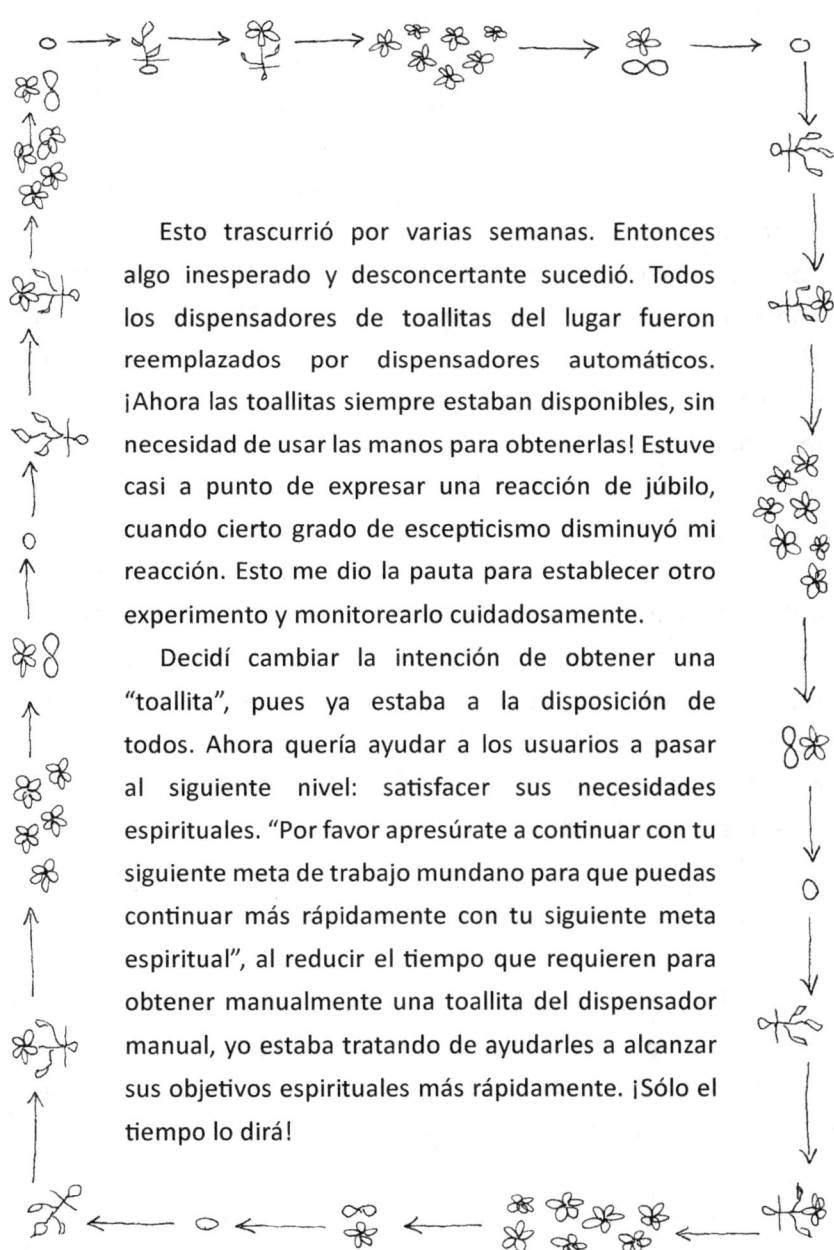

Esto trascurrió por varias semanas. Entonces algo inesperado y desconcertante sucedió. Todos los dispensadores de toallitas del lugar fueron reemplazados por dispensadores automáticos. ¡Ahora las toallitas siempre estaban disponibles, sin necesidad de usar las manos para obtenerlas! Estuve casi a punto de expresar una reacción de júbilo, cuando cierto grado de escepticismo disminuyó mi reacción. Esto me dio la pauta para establecer otro experimento y monitorearlo cuidadosamente.

Decidí cambiar la intención de obtener una "toallita", pues ya estaba a la disposición de todos. Ahora quería ayudar a los usuarios a pasar al siguiente nivel: satisfacer sus necesidades espirituales. "Por favor apresúrate a continuar con tu siguiente meta de trabajo mundano para que puedas continuar más rápidamente con tu siguiente meta espiritual", al reducir el tiempo que requieren para obtener manualmente una toallita del dispensador manual, yo estaba tratando de ayudarles a alcanzar sus objetivos espirituales más rápidamente. ¡Sólo el tiempo lo dirá!

Uno de los métodos más útiles para entrenarnos a nosotros mismos y poder dirigir nuestras mentes de una manera más concienzuda, es escribir nuestras intenciones en un pedazo de papel y llevarlo con nosotros. "Estoy participando en este grupo de apoyo del síndrome de fatiga crónica para poder verme a mí mismo ayudando a otros con síndrome de fatiga crónica, y así poder crear un mundo en el cual todos sepan que para obtener lo que ellos quieren, deben primero ayudar a otros a obtener lo que ellos quieren. De esa manera estoy empezando una ¡REVOLUCIÓN PARA EL CUIDADO DE LA SALUD!". Léelo todos los días por las mañanas. Léelo antes de ir al grupo de apoyo. Léelo de nuevo antes de subir a tu carro. Léelo antes de entrar al lugar donde se llevará a cabo la junta. Léelo durante la sesión o por lo menos trata de recordarlo. Léelo de nuevo al final de la sesión y de nuevo antes de irte a la cama. Cada vez, piensa con gusto como es que tú estás ayudando a los demás. Observarás a las personas con las que interactúas, como disfrutan de que tú estés preocupado por ellas. De alguna manera, las personas pueden sentir cuando alguien se preocupa por ellas y esto les agrada. Esto también es placentero para nosotros y debido a ello refuerza este nuevo comportamiento.

1+2+3

Ahora, ya hemos identificado claramente los resultados que queremos, hemos planeado cuáles semillas plantar y con quién, hemos implementado nuestro programa y estamos llevando a cabo nuestras actividades para el cuidado de la salud con las dos intenciones nobles, pero aún no hemos completado los Cuatro Pasos. Este cuarto paso es muy necesario para que estas maravillosas semillas maduren rápidamente.

Paso 4: REGOCIJO

*Cuando llevas a cabo actos de compasión
sientes una sensación maravillosa dentro de ti. Es como
si algo dentro de tu cuerpo respondiera y dijese,
"sí, así es como me debo de sentir".*

Harold Kushner

El cuarto paso es regocijarnos de haber realizado nuestra(s) buena(s) acción(es). Este paso es una parte muy necesaria que le dice a nuestro subconsciente, "hice lo que me propuse que iba a hacer. Qué bueno que lo hice. Y estaré esperando la oportunidad de hacerlo nuevamente". Regocijarse, o estar felices por todos los beneficios que traerán nuestros esfuerzos es el agua que la jardinera debe de usar para que sus semillas broten, crezcan y florezcan. Sin agua, estas semillas permanecerán latentes. ¿Has ido alguna vez al desierto? En el sureste de Arizona, solamente hay tierra entre las plantas que ahí crecen, rocas y tierra caliente, y es un lugar seco que permanece así por años. En ocasiones llueve en el momento preciso durante el otoño, y de nuevo en la primavera, y de repente, aquellas extensiones de tierra vacías se llenan de coloridas flores silvestres: campos de amapolas amarillas, lupinos azules, algunas flores rosas y de otros colores. El paisaje es extraordinario y te deja sin aliento al admirarlo. Los

Esfuerzo grupal para regocijarnos

Sarahni Stumpf

Durante uno de los seminarios de sanación de los Cuatro Pasos, un participante habló sobre su amiga, quien le había llamado esa mañana porque se sentía débil y con nauseas. Otros participantes, que también conocían a esta amiga, inmediatamente empezaron a compartir las historias de bondad y servicio de su amiga en común, todos llenos de regocijo por toda su bondad. En la siguiente sesión, nos dimos cuenta de que su enfermedad había desaparecido a las pocas horas después de que el grupo se había regocijado por ella.

campos llenos de flores sólo permanecen unas cuantas semanas, después se secan y desaparecen. Nosotros no queremos que nuestras nuevas semillas y que nuestro comportamiento sea así, sólo apareciendo en raras ocasiones cuando las condiciones sean favorables. ¡Queremos flores silvestres del desierto cada año para todos!

Para que todo aquello que deseamos suceda y continúe sucediendo, debemos de desarrollar el hábito de regocijarnos diariamente por nuestras buenas semillas. Podemos dedicar tiempo de nuestros ocupados días específicamente para nuestra práctica de regocijo. Es mejor hacerlo a la misma hora cada día o cada tarde, para poder afianzar este hábito. Pero hacerlo a cualquier hora es mejor que no hacerlo. Mi maestro me recomienda que hagamos esta práctica cuando nos acostemos antes de dormir. Él nos dice, ponte cómodo, coloca un brazo debajo de tu cabeza, mira hacia el techo con tu mirada lejana y soñadora y piensa sobre todas las buenas semillas que has plantado durante los Cuatro Pasos (sin importar cuando lo hayas hecho). Recuerda haber plantado las semillas, recuerda la intención tan noble con la que realizaste tus acciones, recuerda qué fue lo que hiciste para ayudar a alguien, cómo esta persona lo disfrutó y recuerda cómo lo harás nuevamente muy pronto. El punto es que nos sintamos felices con nosotros mismos por lo que hemos hecho. No nos tenemos que detener con tan sólo una buena acción. Puedes regocijarte en cualquier acto de bondad que tú hayas compartido o hayas presenciado desde hace tiempo. Puedes regocijarte por la misma semilla cuantas veces quieras. Las semillas mentales no tienen fecha de caducidad. El acto de regocijarse es ilimitado.

Tengo que admitir que frecuentemente me quedo dormida antes de terminar con mi lista. Después de varios meses de esta práctica, me di cuenta que si me quedo dormida durante mi regocijo, cuando me despierto durante la noche, automáticamente continúo donde me quedé.

Las personas que tienen una vida familiar muy ocupada tal vez necesiten un horario diferente para acomodar su práctica de regocijo. Tal vez sólo tendrás tiempo en el carro cuando te diriges al trabajo, o tal vez puedes tomar unos minutos de tu tiempo para esta práctica durante tu hora de comida, o en tu carro cuando vayas de regreso a casa. Trata de hacerlo de diferentes maneras hasta que encuentres la que mejor funcione, pero no dejes de hacerlo. La otra opción es que compartas esta práctica de regocijo con tu familia. Tal vez cada uno de los miembros de tu familia podría compartir los actos de bondad que hicieron ese día mientras cenan juntos. ¡Imagínate el impacto que esto tendría en las semillas de cada persona!

Curiosamente, a muchas personas se les dificultan estos Cuatro Pasos tan simples. Yo era una de ellas. Cada vez que recordaba las buenas semillas que había plantado, inmediatamente mi mente señalaba mis errores: no hice suficientemente bien lo que había planeado hacer, o mi intención no fue lo suficientemente consciente, o tenía la intención de hacer algo pero no lo hice. Realmente tuve que hacer un gran esfuerzo para destruir ese hábito. Torturarnos a nosotros mismos sobre nuestros errores o fracasos nunca nos ayudará.

Es de gran ayuda poder "imaginar tan dulce sueño" para todos los de tu mundo que están ayudando a otros a cumplir sus más profundos deseos al plantar semillas mentales. Recuerda qué bien se siente saber que estamos haciendo nuestra parte. Esto tiene grandes implicaciones. Por cada cambio que hagamos, por pequeño que este sea, en la manera como interactuamos con los

demás, siendo el amor y la bondad nuestras guías, haremos una gran diferencia en el largo plazo. Ser felices con nosotros mismos, con los esfuerzos que estamos haciendo y con las oportunidades que tenemos, es como estar regando las buenas semillas que pronto brotarán y crecerán. Estimula su maduración y se acorta su retraso. Notaremos cambios. Tal vez más personas se acercarán a nosotros con problemas similares y así se nos presentarán más oportunidades de brindar nuestra ayuda. Tal vez surjan nuevos métodos de curación. O simplemente estaremos más contentos porque nos gusta interactuar con otros con la intención de ayudarlos de alguna manera. Cualquiera que sea lo que haya mejorado, esto refuerza nuestras experiencia en el proceso de los Cuatro Pasos y hará cada paso más fácil.

Según se vayan cristalizando los resultados, tendremos más confianza en el método y en nosotros mismos, y finalmente nos convenceremos de su verdad. Entonces podremos aplicar el método fácilmente a otros aspectos de nuestras vidas que deseamos mejorar: relaciones, prosperidad, paz, asuntos ambientales. No hay límite para lo que podamos lograr.

En algún punto de tu trayectoria de servicio a los demás, ganarás cierta confianza, y cuando sea el momento oportuno,

Me regocijo por los demás

Sarahni Stumpf

Mi sobrina descubrió una masa de gran tamaño en su tiroides. Su madre había desarrollado cáncer de tiroides aproximadamente a la misma edad. Naturalmente todos estaban muy preocupados y ansiosamente esperaban el día de la cita para realizar la biopsia, que en una semana aproximadamente. Le pregunté a mi hermana que compartiera conmigo qué acciones bondadosas había hecho su hija en el pasado que hubieran ayudado a mejorar la salud o el bienestar de alguien. Ella me platicó que la primera compañera de cuarto de su hija en la universidad había desarrollado diabetes dependiente de insulina durante su primer semestre. Mi sobrina se entrenó para ayudar a su amiga a monitorear y manejar tan devastadora enfermedad, lo que le permitió a su compañera permanecer en la escuela.

Nos llenamos de regocijo por la bondad de sus acciones y continuamos recordándolas con alegría, mandando nuestros buenos deseos para que ella obtuviera resultados positivos. La masa

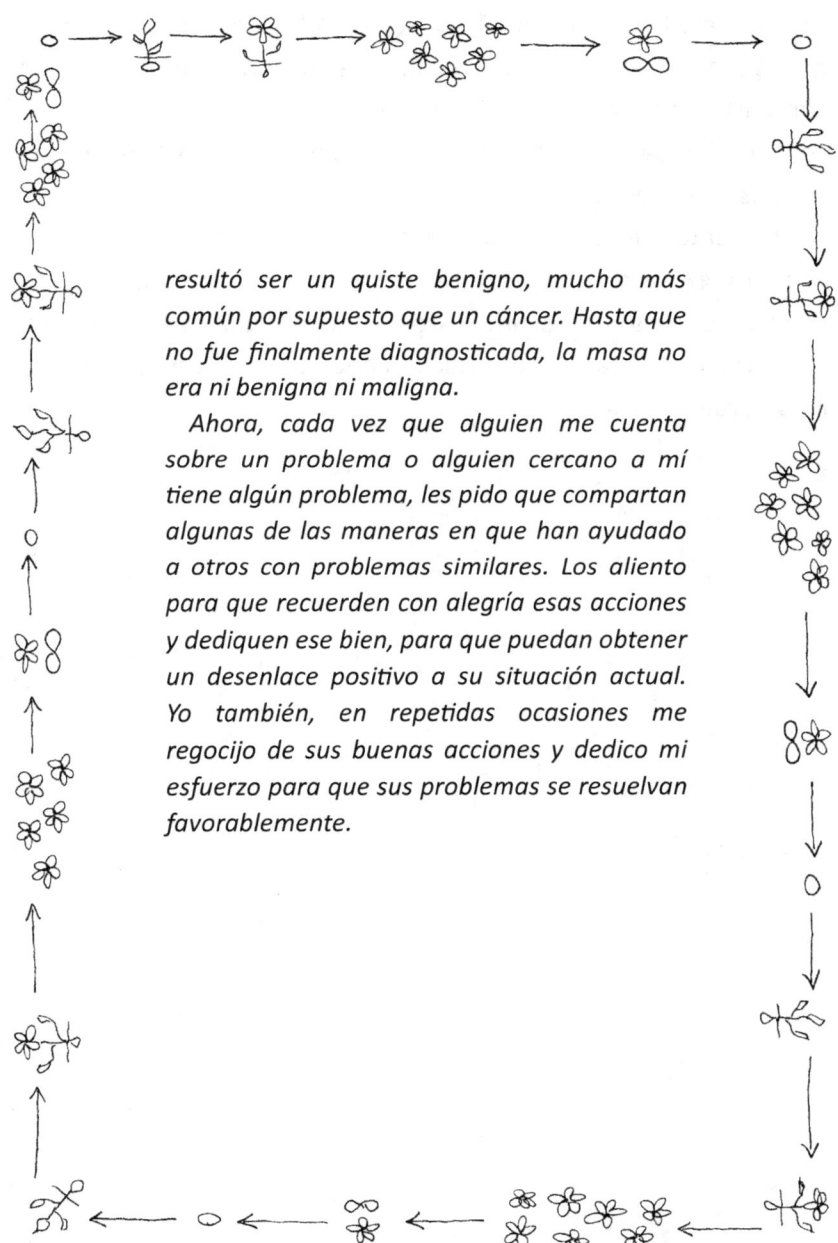

resultó ser un quiste benigno, mucho más común por supuesto que un cáncer. Hasta que no fue finalmente diagnosticada, la masa no era ni benigna ni maligna.

Ahora, cada vez que alguien me cuenta sobre un problema o alguien cercano a mí tiene algún problema, les pido que compartan algunas de las maneras en que han ayudado a otros con problemas similares. Los aliento para que recuerden con alegría esas acciones y dediquen ese bien, para que puedan obtener un desenlace positivo a su situación actual. Yo también, en repetidas ocasiones me regocijo de sus buenas acciones y dedico mi esfuerzo para que sus problemas se resuelvan favorablemente.

podrás decirle a tu compañero de cuidados de la salud: ¿sabías que, para que las sugerencias para mejorar la salud que hemos compartido realmente funcionen, necesitas ayudar a alguien más con su salud para que tú puedas plantar las semillas en tu mente y puedas sentirte mejor?".

No entenderán, por lo que tendremos que compartir con ellos los 4x4 y como ya estarás bastante familiarizado con este método, podrás compartirlo. Esto promoverá una revolución para el cuidado de la salud y todas las buenas semillas de tu mente se dispararán aún más.

Repaso de los Cuatro Pasos

Aquí están los Cuatro Pasos para crear las causas que darán los resultados que nos gustaría obtener en el futuro:

Paso 1. Identificar adecuadamente lo que realmente queremos, de una manera específica, concisa y redactada de una forma positiva.

Paso 2. Planear todas las actividades que cumplen con los criterios de ser las causas de los resultados que queremos. Escoger a alguien con quien llevar a cabo nuestro plan. Hacer un calendario y comprometerse para realizar dichas actividades. Revisar las actividades diariamente para mantenerlas frescas y agradables.

Paso 3. Tener presente, de una manera intencional y en nuestro entendimiento, el proceso de plantar semillas en nuestra mente mientras realizamos las actividades que hemos planeado. Tener presente la noble idea de que somos nosotros los que compartiremos este método, somos nosotros los que crearemos una revolución del comportamiento, mientras disfrutamos realizando buenas acciones.

Paso 4. Regocijarse en el bien que hemos hecho. Recordar nuestros actos de bondad, ser feliz y pensar en el placer que esto ha traído a los demás. Extender el regocijo a otros actos de bondad que hayamos hecho en el pasado y estar dispuestos a compartir más actos de bondad el día de mañana.

Como puedes ver, realmente no es tan difícil. Pero no ocurrirá milagrosamente a menos que ya tengas las semillas. Si sólo te aplicas un poco, obtendrás pocos resultados que surgirán en un largo tiempo o que serán difíciles de reconocer. Si te aplicas como si tu vida dependiera de esto, te sorprenderás de los cambios que habrá en ella. Dedica tiempo cada día para mantener en tu mente tu enunciado "Yo quiero..." y planea tener presente a los demás en tu mente. Modifica tu enunciado si es necesario, pero no cambies a un nuevo enunciado "Yo quiero..." o a un plan completamente diferente hasta que termines con tu compromiso original y así no tendrás necesidad de cambiar lo que estás haciendo. Después de cuatro o seis meses, evalúa tu estado salud y observa qué es lo que ha cambiado y qué es lo que ahora necesita de tu atención. Elabora un nuevo enunciado "Yo quiero..." un nuevo plan de acción y añade la parte del regocijo a tus actividades anteriores.

El proceso completo

Alix Rowland

Soy una agente de bienes raíces sin la personalidad de un vendedor. Realmente nunca quise estar involucrada con los negocios pero me encontré en la necesidad de llevar suficiente dinero a casa para mantener mi hogar y mandar a mis hijos a la universidad. Mi familia ha estado en el negocio de bienes raíces por muchos años, y durante la recesión, cuando nuestros bienes personales perdieron todo su valor y eran imposible venderlos, decidí convertirme en un agente de bienes raíces. Una amiga mía también tomó la misma decisión por las mismas razones. Fuimos juntos a la escuela de bienes raíces y nos unimos a una agencia como un grupo de dos.

Tres años después, me presentaron la idea de cómo usar los Cuatro Pasos para resolver los problemas de mis negocios.

1) ¿Problemas en mis negocios? Mis ingresos eras inestables, a veces ganaba lo suficiente como para pagar todas mis cuentas, otras veces pasaban meses sin un cheque y batallaba para mantenerme a flote.

2) Busqué a mí alrededor por alguien quien tuviera un problema similar al mío. Y ahí estaba, ¡era mi compañera de trabajo! Ella tenía exactamente el mismo problema que yo, ya que compartíamos el 50 por ciento de las ganancias y de los gastos. Ella

era la persona perfecta a quien debía ayudar para que tuviese un ingreso estable.

3) Hice un plan a principios del 2015 y empecé a pensar sobre las necesidades que tenía mi compañera en el trabajo. ¿Cuáles eran sus problemas financieros personales? ¿Qué es lo que ella quiere que yo haga en el trabajo? ¿Cuáles actividades o comportamientos le gustaría a ella que yo hiciera? ¿Qué puedo hacer para que tenga un buen día? ¿Comprarle comida? ¿Traerle un café? También traté de recordar darle crédito por su buen trabajo y por su ética profesional al conversar con otros. Cuando empezaba a preocuparme por mis finanzas, reenfocaba mis pensamientos hacia sus necesidades financieras. Siempre que me acordaba de hacerlo, bajaba mi nivel de estrés y estaba más contento en mi trabajo.

4) Casi cada noche antes de dormir, recordaba todas las cosas buenas que había hecho para ayudar a mi compañera, a nuestro negocio y a todas las personas con las que hacíamos negocios. Disfrutaba de haber podido ayudarla. También visualizaba todas las cosas buenas que los demás hacían para ayudarse unos a otros.

Los resultados fueron inesperados: efectivamente, le está yendo muy bien a nuestro negocio y nuestros ingresos son más estables. Entonces, en diciembre del 2015, recibí parte de una herencia de una familia que ni siquiera sabía que tenía. Esto fue suficiente para pagar mi casa y las tarjetas de crédito. Pagué facturas por adelantado para no tener que preocuparme por ellas en el futuro y también pude presentarle a mi compañera de trabajo el dinero que ella necesitaba para una inversión familiar.

Continuaré con el cuarto paso hasta que mi compañera también logre su estabilidad financiera. A pesar de ser el aspecto más difícil, el recordar con felicidad las actividades realizadas se ha vuelto más fácil. Ahora mi novio y yo nos regocijamos juntos, en voz alta y en la cama.

El logro más grande de plantar dichas semillas (además del dinero) es que disfruto más mi trabajo. Cuando sólo pienso en mis necesidades, me siento estresada y nunca satisfecha. Cuando pienso en las necesidades de mi compañera me siento bien y muy feliz por todos mis esfuerzos.

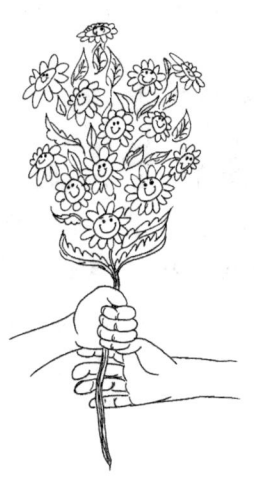

Eliminando las semillas que no queremos

*Plantamos semillas que florecerán
como resultados en nuestras vidas,
entonces lo mejor es remover las hierbas de odio, avaricia,
envidia y duda para que las semillas de paz
y abundancia se manifiesten para todos.*

Dorothy Day

Alguien alguna vez compartió conmigo una situación. "Veo el poderoso potencial de lo que has compartido, pero yo no tengo un problema de salud, mi esposa sí lo tiene, y está demasiado enferma como para poderse involucrar en actividades para el cuidado de la salud de otros. Ella se siente muy mal aun para escuchar esto de las semillas. ¿Existe alguna manera de que mis Cuatro Pasos puedan ayudarla?".

Esto nos lleva a los 4x4. Estos 4x4 son los Cuatro Poderes que nos permiten eliminar las semillas que tenemos que causarán o están causando las cosas que no queremos.

Las antiguas escrituras enseñaron alguna vez que el concepto de la ausencia del yo y de la vacuidad de todas las cosas, es algo muy oculto y su significado es difícil de vivirlo directamente, y también enseñaron que la manera específica de cómo trabajan las semillas mentales para crear nuestras experiencias es muy difícil de percibir. Sus implicaciones son muy complicadas y amplias y van más allá de la comprensión del intelecto humano. Sin embargo, podemos entender el principio de este concepto lo suficiente para poder usarlo. Básicamente esto es lo que significa: si estamos viviendo algo desagradable, es debido a la maduración de nuestro comportamiento desagradable hacia los demás. Si tu esposo está enfermo y tal situación no te parece placentera, es porque queremos que se sienta bien y feliz, entonces lo que debemos hacer es reconocer esa situación como un reflejo de nuestro comportamiento que causó a alguien que se enfermara o permaneciera enfermo. Es posible que existan formas muy sutiles en las que nuestro comportamiento está impactando la salud y la felicidad de otros de una manera negativa. Para poder ayudar a nuestros esposos(as) debemos de eliminar esas semillas y detener estos comportamientos y transformarlos en acciones que apoyen la vida, la salud y la felicidad de otros, incluyendo la de nuestro esposo(a).

Los Cuatro Poderes

El método para eliminar nuestras semillas negativas tiene cuatro partes. Al igual que los Cuatro Pasos, todas estas cuatro partes deben de ser incluidas para lograr el éxito. Y así como en los Cuatro Pasos, si aplicamos sólo un esfuerzo vago a los Cuatro Poderes, sólo tendremos resultados vagamente reconocibles. Si utilizamos los Cuatro Poderes arduamente obtendremos resultados muy poderosos.

Los Cuatro Poderes:

1. Reconocimiento.
2. Arrepentimiento.
3. Remedio.
4. Restricción.

El reconocimiento tiene varios niveles e inicia con el reconocimiento de que tenemos semillas negativas en nuestras mentes y que están ocurriendo cosas desagradables en nuestras vidas, después se debe aceptar que obviamente queremos evitar en cuanto sea posible que maduren esos eventos desagradables y luego recordar nuestro entendimiento sobre las semillas mentales y cómo fueron plantadas. Entonces debemos llegar a la conclusión de que nosotros hemos plantado esas semillas negativas con nuestros pensamientos, palabras y/o acciones pasadas. Aceptemos la responsabilidad y al mismo tiempo podremos sentir alivio porque también nosotros somos responsables de eliminarlas. Existe una sensación de alivio o protección en conocer el proceso de las

semillas mentales, plantar y eliminar, ya que podemos hacer un esfuerzo consciente para influenciar este proceso y en saber que los resultados no son instantáneos.

De nuevo tenemos que evaluarnos a nosotros mismos y nuestros comportamientos. Estamos buscando aquellos pensamientos, discursos y acciones, ya sea de manera sutil u obvia, que causen daño, preocupación o enfermedad a los demás. Esto requiere honestidad y un gran deseo para observar las partes de nosotros de las cuales no estamos muy orgullosos. Es más fácil hacerlo sin prejuicios como parte de este proceso de eliminación, en lugar de sólo señalar nuestras faltas. Entender que estos comportamientos pasados han sido guiados por nuestras

percepciones erróneas de las verdaderas causas de nuestras experiencias, nos ayuda a cultivar un corazón sin prejuicios. Es un acto de compasión el reconocer la creencia equivocada que nos ha hecho comportarnos de cierta manera. Es un acto de compasión desarrollar el deseo de cambiar.

Este método es todo un arte, ya que utilizamos nuestras experiencias desagradables o las de otros, como una guía y como un reflejo de nuestro comportamiento. A veces la conexión es muy evidente. Supongamos que sabes que tienes problemas con tu temperamento y tienes arranques de ira de vez en cuando. Entonces aparece una nueva persona en tu vida que es también propensa a ataques de rabia. Si eres un practicante de los 4x4, inmediatamente reconocerás el crecimiento y la maduración de tus berrinches pasados, y lo más probable es que quieras hacer algo al respecto.

Con frecuencia esto no es obvio, particularmente cuando se refiere a la salud. Sería muy útil revisar las listas de las modalidades convencionales y no convencionales que contribuyen a una buena salud y mejoran la vida (ver Apéndice). Al estar observando estas listas, hay que considerar cómo nuestro comportamiento apoya o interfiere con la salud y el bienestar de los demás. Tal vez alguien en nuestra oficina tiene sobrepeso o diabetes. Y sin

embargo, nosotros continuamos llevando galletas para compartir con nuestros compañeros porque los hace felices. ¿Te das cuenta lo intricado del asunto? Sí, los hace felices en el momento, o por lo menos eso parece, pero a largo plazo, los estás dañando. Entonces hemos plantado las semillas que madurarán como alguien que está tratando de hacernos feliz pero en realidad nos está perjudicando. Podemos decidir traer aperitivos más saludables y compartirlos. Tenemos que evaluar nuestro comportamiento para observar qué lo es que necesitamos cambiar para poder enfocarnos en traer felicidad y salud al mismo tiempo.

Durante el transcurso de una o dos semanas, observa cuidadosamente las diferentes situaciones que se presentan al interactuar con los demás. Debes de observar aquellos hábitos que tienes que están plantando semillas que tu no quieres y haz una lista.

Haz una segunda lista, y en ella, analiza tu pasado, y busca aquellas acciones que hiciste que causaron daño a alguien o algo, ya sea de manera intencional o accidental. Sé honesto y minucioso porque quieres que todas esas semillas desaparezcan.

Una vez que te hayas familiarizado con la práctica de los Cuatro Poderes, ya no necesitarás hacer más listas. Aplicaremos los Cuatro Poderes cada vez que nos demos cuenta de que estamos plantando semillas negativas, tal vez no en ese momento, pero sí diariamente.

Una vez que hayamos hecho nuestras listas, estamos listos para aplicar los Cuatro Poderes. Hemos reconocido aquellos comportamientos que han contribuido a que estemos viviendo experiencias negativas. Le añadimos a nuestro reconocimiento, nuestro entendimiento de que esos comportamientos fueron impulsados por semillas mentales, y que al repetirlas estamos plantando nuevas semillas, que darán por resultado efectos negativos similares. Y esas son las semillas que queremos dañar para prevenir o modificar sus resultados.

En segundo lugar aplicamos el poder del arrepentimiento. El arrepentimiento es un estado mental, una emoción, en donde sinceramente deseamos no haber hecho lo que hicimos. Es muy diferente de sentirse culpable. La culpa no ayuda en lo absoluto, la culpa sólo destruye nuestra confianza en nosotros mismos.

En cambio, el arrepentimiento es una poderosa fuerza positiva que influye en las semillas mentales negativas, como si estuviéramos echando un herbicida a las hierbas. Aunque detienen su crecimiento, aún tenemos que arrancar la hierba para poder limpiar el jardín.

Las escrituras clásicas explican el arrepentimiento más o menos de la siguiente manera: tres hombres con mucho calor y cansados entran a un bar por un refresco. Señalan una botella y dicen: "tomaremos de esa botella". Rápidamente el cantinero toma la botella y sirve tres copitas. "Salud", brindan y se toman la bebida al mismo tiempo. Al cabo de unos minutos uno de ellos cae muerto. Los otros dos se miran uno al otro, y en ese momento un segundo hombre cae muerto. El tercer hombre siente en ese momento un sincero arrepentimiento por haberse tomado lo que se tomó.

El arrepentimiento surge de una manera natural una vez que reconocemos que lo que hemos hecho regresará a nosotros para herirnos. De manera que al mejorar nuestra práctica del 4x4, también aumentará el arrepentimiento al reconocer que nuestras acciones, pensamientos o palabras regresarán a causar daño también a otras personas. El cultivar el arrepentimiento fortifica nuestros esfuerzos para ser más bondadosos y actuar de una manera más consciente sobre cuáles semillas estamos plantando durante nuestras interacciones con los demás. Nos

La sanación no siempre aparece de la manera que esperamos

Margaret Noonan y Sarahni Stumpf

Mi sobrino de 25 años de edad había sido diagnosticado y tratado por un cáncer recurrente de la lengua. Tuve la oportunidad de pasar una temporada con su madre, quien es mi cuñada. También tengo una amiga que está bajo tratamiento por cáncer de mama. Usándola como ejemplo, yo le hablé a Margaret sobre las semillas mentales para proteger la vida y como éstas pueden cambiar las semillas de un ser amado que padece de una enfermedad amenazante. Le dije que quería comprar lombrices que eran vendidas como carnada para peces y dejarlas ir en su jardín para plantar y dedicar en mi mente semillas que protejan la vida y así lograr que mi amiga respondiera a su tratamiento contra el cáncer (y respondió). Margaret dijo, "también compraré unas en nombre de Kirk".

Liberamos muchas lombrices en la tierra húmeda de sus maceteros con flores. A la siguiente semana, la tomografía de su hijo mostró que el tumor había sido completamente extirpado durante su más reciente cirugía y no había evidencia de nuevo crecimiento. Celebramos lo que pensamos que fue la maduración de nuestras semillas para proteger la vida.

Desafortunadamente, después de varios meses, el tumor volvió a crecer y a pesar de más lombrices, éste progresó hasta su muerte un año después. Naturalmente fue devastador, y nos dimos cuenta que una vez que las semillas mentales maduran no se pueden deshacer. Sólo podemos influir en ellas antes de que maduren en su totalidad. Nos hubiera gustado haberlo incluido en el proceso. Hicimos todo lo que sabíamos hacer en ese momento. Ella hubiera querido salvar a su hijo pero ¿tendría esta experiencia un importante propósito en la vida de su madre?

llevará naturalmente a querer hacer algo para compensar nuestros errores.

En el paso número 3 aplicamos el remedio. Un remedio es algo que hacemos para corregir los errores. Para poder sanarnos a nosotros mismos o a alguien más, la aplicación del remedio puede ser realizar los Cuatro Pasos para plantar así las semillas que nosotros queramos. Para aplicar el remedio, podemos simplemente revisitar el tercer paso de los Cuatro Pasos: acción con intención. Expandimos nuestras nobles intenciones: "iré al grupo de apoyo del síndrome de fatiga crónica para plantar las semillas de verme a mí mismo ayudar a otros, para que sirva como antídoto de aquellas semillas que han perjudicado a otros, y crear una revolución para el cuidado de la salud".

Ahora, si sólo estamos practicando nuestras actividades intencionales para la sanación una o dos veces al mes, tendremos que encontrar la manera de aplicar el remedio más frecuentemente. Una buena guía para las actividades que servirán como antídoto, es hacer lo contrario de lo que hicimos y que plantó la semilla de la que nos queremos deshacer. Tal vez en el pasado estuvimos involucrados en un acto de matar y ahora nos arrepentimos. Tal vez fue hace mucho tiempo, y cuando lo hicimos no pensamos que hubiera sido un error, pero ahora observamos que esa semilla está creciendo y se nos regresará de una manera muy desagradable. Nos arrepentimos sinceramente y aplicaremos nuestro remedio. Este remedio necesita una manera muy poderosa de salvar una vida. Tal vez podamos adoptar a una mascota de un refugio de animales, una que esté a punto de recibir la eutanasia. O tal vez compremos lombrices una vez por semana, de las que se venden como carnada para pescar, y las liberemos en algún jardín. Usa tu imaginación para encontrar cosas qué hacer. Haz un contrato muy específico contigo mismo, el cual sientas sea un fuerte antídoto. Entonces, lleva a cabo lo establecido en el contrato.

Finalmente, la cuarta parte de los Cuatro Poderes que está en el contrato es el poder de la restricción. Para poder neutralizar completamente el poder de esas semillas mentales negativas debemos de abstenernos de repetir nuestro comportamiento negativo. Esto es más difícil de lo que pensamos. Esto significa que debemos cultivar un gran nivel de conciencia de nuestras acciones minuto a minuto y tener la habilidad de detenernos y dejar de actuar, como lo prometimos. Para algunas de las malas acciones del pasado, será fácil el poder moderar nuestro comportamiento, ya que las circunstancias presentes de nuestras vidas ya no están involucradas en esas cuestiones. Por lo tanto, es probable que digamos: "ya no cometeré tal acción otra vez" y poder mantener esa promesa. Sin embargo, nos daremos cuenta que algunas acciones que hacemos regularmente causan daño a los demás de una manera sutil y en éstas es en las que debemos enfocarnos para eliminarlas. No debemos hacer la promesa de que nunca haremos esas cosas porque no podremos cumplir dicha promesa. Mejor debemos prometeremos a nosotros mismos evitar ese comportamiento por un determinado periodo de tiempo que podamos mantener. Cumple lo prometido. Después aplica repetidamente los Cuatro Poderes a ese antiguo hábito y extiende el tiempo en el que efectivamente puedas evitar estas acciones hasta que este comportamiento desaparezca.

Digamos, que tenemos el hábito de no pararnos completamente en cierto alto, y decidimos que esta acción es una semilla negativa que estamos plantando y que puede ser dañina para nosotros o para la vida de otros. Decidimos entonces aplicar los Cuatro Podres para eliminar todas esas semillas del pasado y sabemos que debemos de abstenernos de no pararnos completamente en ese alto. Pero, por favor, sé honesto, ¿vas a ser capaz de cambiar este hábito tan sólo con decidir ya no querer hacerlo? Entonces empezamos con la siguiente oración: "el día de hoy, pararé completamente el auto detrás de la línea en el alto sin importar si viene tráfico o no", y luego ¡lo haces!

Si pensamos en el arrepentimiento de esta forma, un día a la vez, pronto dejará de ser un esfuerzo el tener que pararte completamente en el alto. Entonces podemos aplicar este método a otras señales de alto y a otros hábitos de manejo. Esto se convierte como en una especie de juego. Cuando reconocemos que no nos detuvimos completamente frente a un alto, nos arrepentimos, recordamos el remedio que queríamos aplicar y de nuevo nos esforzamos para abstenernos de repetir la acción. Se volverá más fácil cada vez, y de hecho más y más divertido. Cuando empecemos a dañar la habilidad de las malas semillas para madurar, empezaremos a vivir menos situaciones desagradables. Las situaciones actuales desagradables disminuirán. Nos volveremos más felices y también la gente que nos rodea se sentirá más feliz. Sorprendentemente, habrá un punto donde las situaciones desagradables que afrontemos ya no nos molestarán porque nos revelarán cuales son los puntos de los Cuatro Poderes en los que debemos trabajar.

Repaso de los Cuatro Poderes

Para repasar los Cuatro Poderes: primeramente, debemos **reconocer** cuáles son las semillas mentales negativas que están madurando y cuáles son aquellas que están por madurar. **Recordemos** que el poder de los Cuatro Poderes es el poder dañar aquellas semillas lo suficiente para modificarlas o prevenir su maduración completa. Generamos el poder del arrepentimiento por haber cometido tales actos (pensamiento, palabra y acciones) que se plantaron como hierba mala. Escogemos una actividad como **remedio,** que significa que intencionalmente y regularmente haremos lo opuesto. Finalmente, nos **abstenemos** de repetir aquella acción negativa que prometimos no volver a cometer. Es sabio crear el hábito de evaluar nuestras actividades al final del día para poder practicar los Cuatro Poderes y aplicarlos a cualquier cosa que no queramos que sus semillas florezcan. Podemos establecer nuestro poder de restricción para el comportamiento del día siguiente, o tal vez establecer nuestro poder de abstinencia antes del remedio del regocijo, y ¡tal vez nos quedamos dormidos celebrando!

Repaso de los 4x4

4 Leyes	4 Flores	4 Pasos	4 Poderes
Definitivo	Madurará como algo similar	Saber qué es lo que quieres	Reconocimiento
Las semillas crecen	Madurará como un habito	Planear como ayudar a otros a obtener lo que ellos quieren	Arrepentimiento
Lo que no se planta no puede brotar	Madurará como las condiciones	Actúa de una manera intencional	Remedio
Todo lo que se ha plantado brotará	Se siembran y maduran 65 semillas cada instante y nunca terminarán	¡REGOCIJARSE!	Restricción

Al final: ¿Cómo serán las cosas?

Con esto termina la explicación de los 4x4 y cómo aplicarlos a nuestras vidas:

Las Cuatro Leyes tratan sobre las semillas mentales y cómo funcionan.
Las Cuatro Flores hablan sobre las cuatro formas en las que las semillas maduran.
Los Cuatro Pasos describen cómo plantar de una manera consciente las semillas de lo que queremos ver en el futuro.
Los Cuatro Poderes son para eliminar las semillas de los acontecimientos desagradables que estamos viviendo y para prevenir que otros sucedan.

Una persona que ha dominado los 4x4 estará viéndose a sí mismo(a) como un observador(a) lejano(a). Ella estará consciente de cómo las semillas están continuamente madurando y replantándose debido a sus propias reacciones. Ella cultiva la habilidad de escoger conscientemente cómo reaccionar ante cualquier circunstancia con amor y bondad. Ella pronto se da cuenta, de que si actuó con egoísmo, ella se arrepentirá. Ella tal vez aplique inmediatamente un remedio y se abstendrá de dicho comportamiento o por lo menos practicará sus Cuatro Poderes diariamente.

¿Cómo será estar cerca de una persona que práctica los 4x4? Lo más probable es que se una persona ocupada ayudando a las personas. Ella es buena, gentil, feliz, amigable, sin prejuicios y de mente abierta, con una satisfacción y paz que se le notan, porque ella sabe de dónde proviene todo y sabe qué es lo que tiene qué hacer al respecto. En vez de molestarse cuando la cambian  de su asiento en el avión, ella interactúa con la azafata de una manera genuinamente amable y paciente.

Si tú tienes las buenas semillas de tener a alguien en tu vida que muestre este sentido de satisfacción y felicidad, tal vez puedes preguntarle si nació de esa manera o si tuvo que aprender a cultivar su carácter. Si te dice que lo aprendió, pídele que te ayude a aprenderlo. Es muy útil tener un maestro personal que pueda guiarnos a través de los retos de los que hemos estado hablando. Puede que esta persona sepa o no sobre los 4x4, pero sospecho que sí conoce la verdad: "cosechamos lo que sembramos, estamos cosechando lo que hemos sembrado, no podemos cosechar lo que no hemos sembrado y cosecharemos lo que estamos sembrando", pídele que te enseñe cuáles semillas plantar y cuáles dejar de plantar para poder ser como ella, profundamente feliz. Después tú podrás enseñarles a otros.

Para los profesionistas de la salud

El simple acto de cuidar a alguien es heroico.
Edward Albert

*Tú no solo fuiste bendecido para ti mismo,
tú fuiste bendecido para ser una bendición para los demás.*
Ifeanyi Enoch Onuoha

PARA LOS PROFESIONISTAS DE LA SALUD:

Gracias por leer este libro que ofrece una perspectiva diferente sobre la salud y el bienestar. Espero que este libro revele el eslabón perdido que pueda ayudarte a que tu trabajo relacionado a la salud sea más satisfactorio. Las personas en el área médica y aquellos trabajadores dedicados al cuidado de la salud tienen una posición única, ya que pueden orquestar esta revolución del cuidado de la salud en nuestros pacientes, una vez que hayan comprobado la validez de estas prácticas por su cuenta. Una de las cosas que hace falta en nuestro sistema de salud es el plantar de una manera intencional las semillas para mejorar la salud en las mentes de nuestros pacientes. Fomentamos la salud preventiva, el dejar de fumar, perder peso, hacer ejercicio regularmente, o tomar alcohol moderadamente, pero no abordamos el tema de cómo ser exitosos con estos comportamientos al ayudar a aquellos que tengan necesidades similares. Y podemos hacerlo.

Podemos rápidamente hacer una receta especial que diga: "para que su medicina de la artritis funcione mejor, encuentre a alguien con artritis, y llévelo a una clase de ejercicios en el agua una vez a la semana". Enfermeras, fisioterapeutas, masajistas, consejeros, todos podemos hacer recomendaciones específicas a nuestros pacientes para que ellos realicen actividades que sean beneficiosas para la salud.

Sin las cuatro partes de los Cuatro Pasos, los resultados serán imprecisos. Pero sólo este pequeño paso de aconsejar a las personas a ayudar a otros para poder mejorar los resultados de sus propios tratamientos, puede empezar esta revolución del cuidado de la salud.

Yo conozco a un profesional de la salud ya retirado que ahora ofrece tratamientos para curar con la energía. Les "cobra" a sus pacientes con tres actividades que ayuden a alguien a sentirse mejor, y tienen que hacerlas antes de que inicie el tratamiento. El paciente comparte cuales fueron esas actividades y ambos se regocijan cuando termina el tratamiento. Las sesiones de su tratamiento son divertidas y edificantes.

Los trabajadores de la salud están en una posición de poder dirigir a la gente a ayudar a otras personas. Se le puede dar publicidad a los diversos grupos de apoyo y también se les puede prestar un lugar en la oficina o cerca de un hospital en donde reunirse. Una red de pacientes que tengan el conocimiento de los 4x4 y que estén buscando a alguien quien haya aceptado su ayuda, pueden hacer las conexiones necesarias y monitorear dichas interacciones. A través de seminarios educativos se le puede enseñar a los pacientes sobre este proceso tan completo, y mientras sueño despierta, podemos añadir que todas las compañías de seguro médico ofrezcan apoyo a estos esfuerzos, porque reconocerán el costo-beneficio que surgirá de verse ellos mismos apoyando las actividades de las personas que promueven la salud.

Durante los años 80, Ken Keyes Jr. publicó un libro llamado El Centésimo Mono (Vision Books, 1982). Este libro está basado en estudios sociológicos de varios grupos de monos que vivían en varias islas alrededor de Japón. Investigadores observaron que una madre mono tenía la costumbre de lavar las papas antes de comerlas, y por supuesto que sus hijos también lavaban las papas. Pero curiosamente, después de varios años, otros monos en diferentes partes de las islas también empezaron a lavar las papas cuando ellos no lo hacían antes. Para la sorpresa de todos, los monos de otras islas también empezaron a lavar las papas. Para no hacer esta historia tan larga, esta información fue utilizada para lanzar una hipótesis sobre una consciencia global (en este caso, en esta especie de monos) que fue influenciada una vez que cierto número de individuos adoptaron este nuevo comportamiento. Por lo que "el centésimo mono" se refiere al mono que adoptó este nuevo comportamiento y que provocó un nuevo comportamiento en toda la especie de estos monos, donde quiera que estos viviesen (aparentemente, escépticos

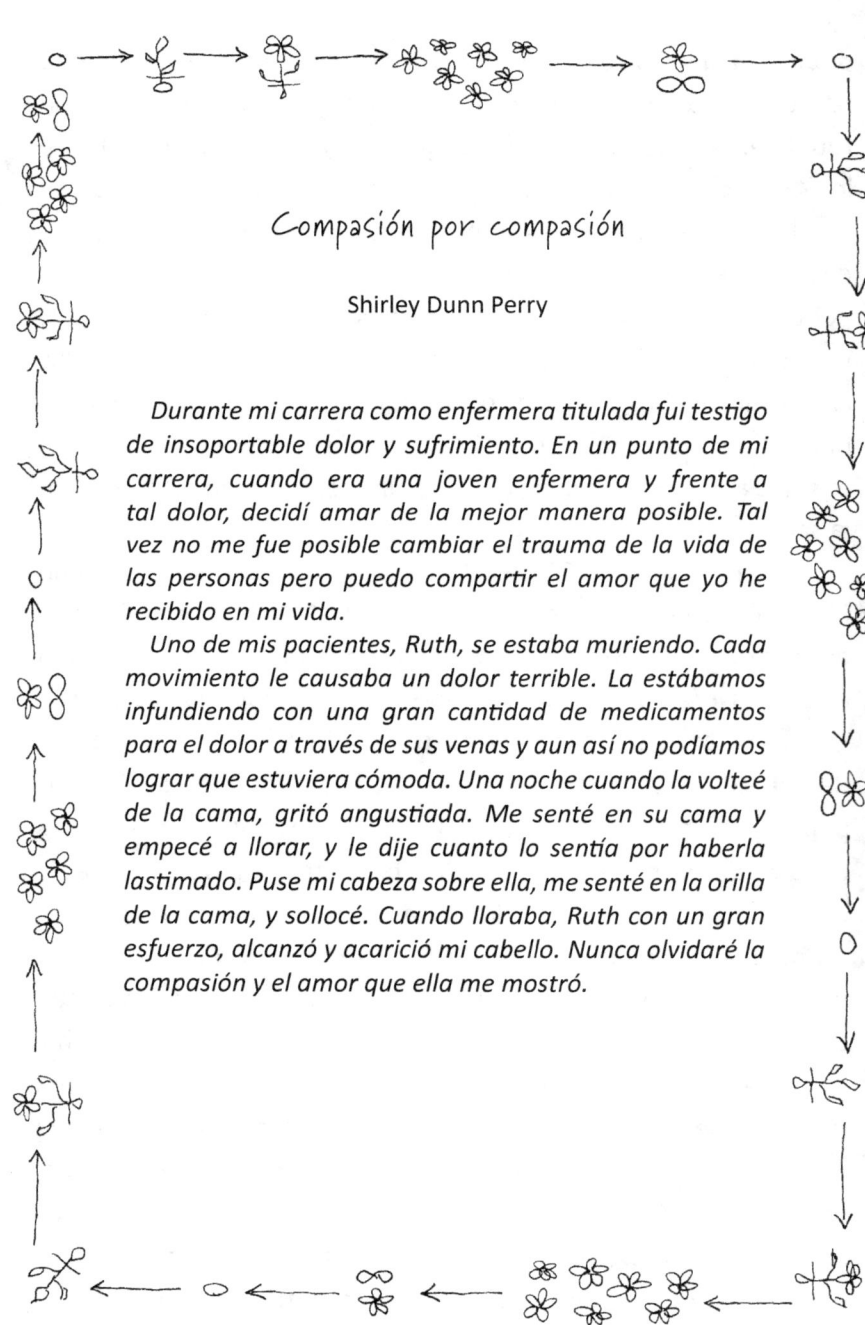

Compasión por compasión

Shirley Dunn Perry

Durante mi carrera como enfermera titulada fui testigo de insoportable dolor y sufrimiento. En un punto de mi carrera, cuando era una joven enfermera y frente a tal dolor, decidí amar de la mejor manera posible. Tal vez no me fue posible cambiar el trauma de la vida de las personas pero puedo compartir el amor que yo he recibido en mi vida.

Uno de mis pacientes, Ruth, se estaba muriendo. Cada movimiento le causaba un dolor terrible. La estábamos infundiendo con una gran cantidad de medicamentos para el dolor a través de sus venas y aun así no podíamos lograr que estuviera cómoda. Una noche cuando la volteé de la cama, gritó angustiada. Me senté en su cama y empecé a llorar, y le dije cuanto lo sentía por haberla lastimado. Puse mi cabeza sobre ella, me senté en la orilla de la cama, y sollocé. Cuando lloraba, Ruth con un gran esfuerzo, alcanzó y acarició mi cabello. Nunca olvidaré la compasión y el amor que ella me mostró.

piensan que uno de los monos que lavaba papas nadó a otra isla, e influenció a los monos que ahí vivían).

No sé si la consciencia humana global sea cierta o no, pero el concepto es que cualquiera de nosotros puede ser "el centésimo mono" y que podemos desencadenar un cambio en la consciencia humana sobre cómo reestablecer y mantener la salud y el bienestar.

Yo te animo a practicar el sistema 4x4 para resolver algún problema por ti mismo. Comprueba sus beneficios por ti mismo, después comparte de la manera que puedas este conocimiento a través de tus interacciones con aquellos a quienes estás ayudando. Puedo anticiparte que tu sentido de satisfacción con el cuidado de tu paciente y el gozo de tu práctica, incrementarán dramáticamente. Si cada uno de nosotros comprobáramos la efectividad de este método, lo enseñáramos a tan sólo diez personas, y si por lo menos una de esas diez personas comprueba su efectividad y después lo enseña a otras diez personas, el efecto se difundirá rápidamente. Las personas escucharán sobre el método en los diferentes contextos que se les esté compartiendo. Finalmente, se convertirá en una norma de comportamiento el ayudar a otros a alcanzar lo que ellos necesitan y quieran para que nuestros propios deseos y necesidades sean cumplidos. Todos ayudando a todos.

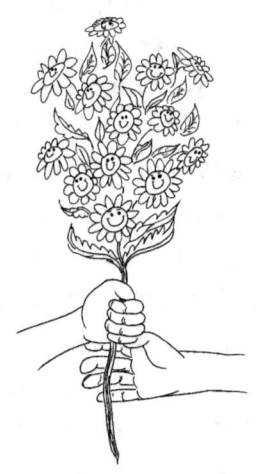

Preguntas y respuestas

Entonces, ¿por qué tenemos que tomar medicina? ¿Por qué tenemos que ir al doctor? ¿Por qué hacer las cosas por nosotros mismos?

Necesitamos distinguir entre el "como", las causas superficiales y el "porqué", las causas más profundas que producen la maduración de las semillas mentales. Es cierto, todos tenemos semillas mentales que maduran para que nuestros malestares se alivien, y cualquier cosa puede ser el vehículo para que esto suceda. Las condiciones aparentes se convierten en el vehículo que madura, lo cual contribuye a una nueva percepción: recuperar la salud o ser saludable. La maduración de las semillas mentales que creamos al ayudar a los demás es el "porqué" la medicina que tomamos funciona para sanarnos. El tomar la medicina es el "como" la sanación se lleva a cabo. Esta es la razón por la cual la medicina a veces funciona y a veces no. Sin él "porqué" madurando, el "como" no puede suceder. Sin embargo, están

generalmente vinculados por proximidad. Ir al doctor cuando nos enfermamos y recibir tratamiento para nuestra enfermedad, son semillas diferentes que están cercanamente relacionadas. Durante la maduración de una semilla, generalmente sigue la maduración de otra. Pero de nuevo, esto no siempre sucede, y esto es lo que comprueba este sistema.

Haz un experimento la próxima vez que tengas una enfermedad que sea auto limitada, como por ejemplo un resfriado. Normalmente, un resfriado dura de siete a diez días sin importar lo que hagas. Probablemente reconozcas como avanza la infección viral y después como es eliminada de tu sistema. Lo más probable es que tengas una manera preferida de mitigar los malestares mientras tu cuerpo se recupera. La próxima vez que reconozcas los primeros síntomas de un resfriado, toma vitamina C, pastillas para el resfriado, esquinase, descongestionantes o cualquier otro remedio que tú quieras, y compártelos con las personas de tu vida, especialmente con aquellos que tampoco se sientan bien. Ayuda especialmente a alguien de cualquier manera que puedas con la intención de aliviar tu resfriado más rápido y de crear la "revolución para el cuidado de la salud". Puedes seguir tu método usual del manejo de tu enfermedad, pero observa si la progresión de tu resfriado es diferente, y si se soluciona más rápidamente. Tal vez la primera vez que hagas esto, no habrá mucha diferencia, pero yo te puedo decir que verás una respuesta dramática después de varias veces que intentes curar tu resfriado ayudando a otros.

También es de gran ayuda "llevar consigo" los remedios que usaste anteriormente para plantar las semillas mentales para el cuidado de la salud (sin importar cuando). Justo antes de tomar la medicina o antes de que vayas a hacer cualquier cosa, piensa "no hay nada en esta sustancia que tenga el poder de sanarme, y precisamente por eso es que puede sanarme. Yo imploro al poder de las semillas mentales que planté al haber ayudado a otros a sentirse bien, a que maduren al mismo tiempo que esta medicina me está ayudando". Recuerda un acto específico en el cual hayas ayudado a otra persona. Sé feliz que lo hiciste y visualízate ayudando a alguien en el futuro de una manera similar. Entonces, toma la medicina. Puedes cambiar las palabras como mejor se acomode a tu situación en particular.

¿Qué hago si yo vivo sola y estoy confinada a estar casa? ¿Cómo puedo realizar una actividad para el cuidado de la salud? ¿Cómo puedo encontrar a alguien a quien ayudar?

Si realmente estás solo y nunca ves a nadie, entonces puedes hacer todo esto con tu imaginación y aun así, funciona, pero requiere entrenamiento adicional que va más allá de lo que se discute en este libro. De todas maneras, es muy poco probable que cualquiera de nosotros esté tan aislado. Cualquier persona que conozcas puede ser tu amigo para el cuidado de la salud, aun cuando se vea saludable. Comparte con ellos la información de artículos de revistas o de Internet sobre salud preventiva. Mantente en contacto con aquellas personas por teléfono o por Internet. Pregunta por ellos regularmente, muestra interés real en escuchar cómo están sin cambiar la conversación para platicar sobre tus propias necesidades y también puedes plantar las semillas de sanación en sus mentes.

Hace muchos años yo tuve una paciente que estaba confinada a su casa. Ella estaba severamente lisiada y con dolor. Yo la visitaba cada semana para tratar su dolor con acupuntura. Ella estaba sola excepto con su mascota cacatúa. Le costaba un gran esfuerzo y le producía mucho dolor el moverse desde su cama a la silla de ruedas para ir al baño y regresar, y esta era la única razón por la que dejaba la cama. Yo le prometí que siempre y cuando ella pudiera hacer estos movimientos ella se podría quedar en casa y cuando ella no pudiera hacerlos, ellas necesitarían ir a un asilo.

Ella tenía todas las razones para ser miserable, para quejarse, y ser una mujer descontenta, pero no lo era. Ella siempre estaba alegre, y deseosa de preguntarme cómo estaba yo, mi esposo, mi casa y cómo me había ido en mis vacaciones. Quería escucharlo todo. Una vez le comenté lo sorprendida que estaba con su actitud, a lo que ella respondió: "he sido inválida y he estado limitada por mucho tiempo, por lo que yo aprendí que debo vivir mi vida a través de los demás y además disfruto escuchar sobre las cosas que tú haces". Yo pienso que era una actitud encantadora que atrajo a mucha gente a ayudarle a permanecer en casa por tanto tiempo. Ella murió en su casa después de una breve estancia hospitalaria.

¿Qué sucede si mi amigo para el cuidado de la salud se niega a recibir mi ayuda?

Esto es un ejemplo de cómo olvidamos que existe un retraso entre las semillas plantadas y los resultados que están madurando. El vernos a nosotros mismos ayudando a alguien a plantar sus semillas para la salud y el ver a otros rechazar nuestra ayuda, es el resultado de cuando nosotros rechazamos la ayuda de otros. Esto no impide que nuestra semilla sea plantada, sino que nos muestra algo sobre nosotros mismos que tenemos que eliminar. A pesar de esto, existen muchas otras personas que pueden ser nuestros amigos para el cuidado de la salud. No hay ninguna ventaja en tratar de imponer nuestros esfuerzos para ayudar a alguien. Si la persona a la que contactaste para los Cuatro Pasos te dice "gracias pero no gracias" simplemente encuentra a alguien más.

¿Qué tal que si lo que yo comparto con ellos los lastima?

Nuevamente estamos demostrando el retraso que existe entre plantar las semillas y su maduración. A pesar de que nosotros lo veremos de esa forma, al darnos cuenta del "porqué" en vez del "como," la persona lastimada no lo entiende, y es muy probable que no esté interesada en escucharnos. Ellos echarán la culpa. Esta es una situación muy delicada, y francamente, es probable que suceda de vez en cuando. ¿Por qué digo esto? Porque los resultados que observamos al ver como una persona se siente herida por nosotros, provienen de haber herido a alguien en el pasado, o de haberle echado la culpa a alguien de habernos lastimado. ¿Podríamos decir honestamente que no tenemos tales semillas en nuestros comportamientos pasados? No olvides que también estamos incluyendo todas aquellas acciones dirigidas a seres vivientes no humanos, y que también dichas acciones plantan semillas.

Para disminuir la posibilidad de que estas semillas negativas maduren, podemos aplicar los Cuatro Poderes a nuestros comportamientos pasados en los que lastimamos a otros, y hacer un esfuerzo especial en nuestro poder de restricción. Tan sólo recordar nuestras acciones para el cuidado de la salud puede ser parte de nuestro antídoto, ya que esta actividad ayuda a fortalecer esas semillas positivas.

Mi experiencia en el cuidado de la salud fue que la calidad de la relación entre el paciente y el proveedor está profundamente influenciada por la reacción del paciente cuando emergen resultados negativos. Aquellos pacientes que sienten que su proveedor es atento, que se preocupa por ellos, que realmente les interesa, y que los incluye en el proceso de tomar decisiones, aceptan los resultados negativos sin culpar al proveedor.

Este sistema de encontrar un amigo para el cuidado de la salud para sanarse a uno mismo puede dar como resultado que nuestro amigo se sienta usado o abusado si los resultados esperados no son satisfactorios. Teniendo en cuenta todos aquellos detalles sobre nuestras percepciones y de las semillas que están siendo plantadas, nosotros permaneceremos sensibles a la necesidad de tener un genuino deseo de ayudar a la otra persona con su salud. Tal vez esto no necesariamente pueda prevenir un resultado desafortunado, pero probablemente nos permitirá continuar nuestra relación con ellos y podremos ayudarles en un futuro.

También hay que recordar que debemos ser cautelosos con el tipo de técnicas para el cuidado de salud que compartimos con las personas. No tenemos que encontrar la cura del cáncer en Internet, tan sólo buenas prácticas de salud, razonables y convencionales, son suficientes para plantar semillas que mejoren la salud.

Lo he intentado varias veces pero aun no puedo conseguir cambiar algunos viejos hábitos, ¿qué debo hacer?

Sí, ¡sé de primera mano que algunos viejos hábitos mueren difícilmente! Es de gran ayuda ser compasivo contigo mismo sobre tus intentos fallidos. Al recordar que todo es impulsado por semillas mentales, tú puedes generar compasión para ti mismo y fortalecer el propósito de intentarlo de una manera diferente. Si aún no has aplicado los Cuatro Poderes al hábito que quieres dejar, este sería el primer paso que debes tomar. Sé muy preciso al aplicar las cuatro partes a este hábito en particular. Es de gran ayuda tener un maestro disponible que te pueda ayudar. Me he dado cuenta de que si el hábito que yo quiero eliminar es demasiado extenso y no es especifico, no me será posible aplicar los Cuatro Poderes con la fuerza suficiente para poder ver los resultados rápidamente.

Por ejemplo podemos decir, "quiero dejar de morderme las uñas". Pero, existe una causa subyacente por la que tenemos la necesidad de comportarnos de esa manera, esta causa debe ser incluida en el proceso de eliminación. Tal vez sea ansiedad, aburrimiento o desaprobación. Una vez que hayamos identificado la causa, podemos entonces aplicar el reconocimiento de que ese hábito es una semilla mental madurando, y podemos generar arrepentimiento. Arrepentimiento no sólo por el hábito, sino por todas las maneras en que hemos causado una emoción similar en otros, y esta es la razón por la cual la estamos viviendo nosotros mismos y estamos perpetuando ese hábito. Después hacemos nuestra promesa de hacer un esfuerzo sincero de abstenernos de ese comportamiento y elegir una actividad que funcione como el remedio.

Cuando trabajé con los demás, me di cuenta de que si uno de los Cuatro Poderes no era lo suficientemente fuerte, el hábito no cedía. Para algunos, el arrepentimiento no era genuino. Ellos en realidad no querían detener ese comportamiento que pensaban que no les gustaba. Otros no podían identificar completamente las circunstancias, las emociones o qué otra cosa desencadenaba ese comportamiento.

El poder de restricción ha sido mi mayor obstáculo para poder cambiar algunos hábitos no deseados que están profundamente arraigados. No puedo evitar reaccionar de mi manera habitual, y esto sucede muy rápido.

De todas maneras, el proceso consiste en llevar a cabo los Cuatro Poderes sobre el particular obstáculo antes de trabajar en el hábito. Yo necesitaré aplicar los Cuatro Poderes sobe mi incapacidad de llevar a cabo el poder de la abstinencia.

Mi proceso sería de la siguiente manera:

La incapacidad de poder aplicar el poder de la restricción y abstinencia es en sí mismo el resultado de las semillas de haber creado obstáculos para otros quienes estaban tratando de cambiar su comportamiento. Ahora, descubriré cómo es que lo estoy haciendo actualmente, y cómo fue que lo hice en el pasado. Tal vez conozco gente en el trabajo que está a dieta, y yo traigo donas para compartir. Tal vez yo me burlé de mi hermanito porque se mordía las uñas, lo que hizo que se las mordiera aún más. Necesito reconocer mis comportamientos, arrepentirme, dejar de hacerlos y realizar otra actividad que ocupe su lugar. Yo puedo llevar flores a la oficina en lugar de comida. Puedo salir a caminar durante mi descanso junto con la persona que está tratando de dejar de fumar. Yo puedo admirar las hermosas uñas de alguien o elogiar sus resultados de la dieta. Yo haría todo esto con los dos nobles propósitos de los Cuatro Poderes y me regocijaría por ello durante algún tiempo. La habilidad de aplicar mi poder de abstinencia será mucho más fuerte. Y si no es así, yo trabajaré en el obstáculo del poder de la abstinencia aún más.

Eventualmente el proceso de los Cuatro Pasos y los Cuatro Poderes, se convertirá en un estilo de vida, al escoger

conscientemente nuestro comportamiento momento a momento para crear nuestro futuro. Todo el proceso se volverá más fácil y divertido.

¿Cómo puedo utilizar este método para sanar a una mascota? Ellos no pueden entender el comportamiento sobre el cuidado de la salud.

Desafortunadamente los animales son incapaces de seleccionar conscientemente su nivel de moralidad. Ellos no pueden aplicar los Cuatro Pasos y los Cuatro Poderes en sus vidas. Pero, nuestra percepción de salud o la falta de ella, es aún la maduración de nuestras semillas mentales, por lo que debemos aplicar los 4x4 para cambiar lo que vemos. Si tenemos una mascota enferma debemos buscar los cuidados médicos apropiados para ella.

Para mejorar la calidad del tratamiento que ella recibe, nosotros podemos ayudar a alguien que tenga una mascota enferma, o podemos ayudar a alguien a que su mascota se mantenga saludable o que mejore su salud. Podemos sacar a caminar al perro del vecino regularmente para ayudar a nuestro gato enfermo.

También podemos buscar aquellos hábitos que están dañando la salud y la vida de otros, y aplicar los Cuatro Poderes, especialmente el poder de restricción, con la intención de buscar la mejoría de nuestra mascota. ¿Podemos dejar de usar pesticidas en nuestro jardín? ¿Podemos dejar de aplastar a los insectos, y en su lugar atraparlos para sacarlos fuera? (Mi esposo y yo tenemos a la mano una pequeña jarra con una apertura amplia y una tarjeta. Es muy sencillo colocar la jarra sobre el insecto, para luego deslizar la tarjeta por debajo de ésta. El insecto pisará la tarjeta o la jarra. Después levantas la tarjeta y la jarra juntos para dejarlo ir afuera. Todo esto se hace con las dos intenciones nobles de las que hablamos).

Repasa la lista de las buenas prácticas de salud, especialmente el tercer nivel, para obtener ideas de cómo proteger la vida (Ver Apéndice).

¿Cómo puedo usar esto para ayudar a la salud de mi hijo(a)?

¡Esto puede ser el tema de otro libro completo! Brevemente te diré que si tu hijo es muy pequeño para poder participar en actividades para el cuidado de la salud, entonces aplica los Cuatro Pasos para poder cambiar tus semillas de verlo enfermo. Si ellos no pueden participar en sembrar sus propias semillas mentales, tú puedes facilitar maneras en que ellos puedan activamente proteger la vida, o cuidar de alguien que no se sienta bien, por ejemplo. Ayúdales a hacer sus planes y anímalos a regocijarse al compartirlos con ellos.

¿En dónde puedo encontrar más información sobre esta filosofía?

Utiliza la lista de recursos del apéndice para iniciar tu exploración.

¿Qué hay sobre Dios?

Tal vez esta pregunta te ha estado molestando durante el estudio de este libro. Te aseguro que no tengo intenciones de negar a Dios. Mi madre decía: "Dios trabaja de maneras misteriosas". Lo que he tratado de hacer es ayudarte a investigar sobre este misterio. Este libro ha llegado a ti como parte del misterio y aun si practicas o no lo que estamos aprendiendo, será parte del misterio. Los resultados que obtengas serán parte del misterio. Algunas personas han experimentado el misterio directamente. Después ellos comparten su sabiduría con los demás, a pesar de que va más allá de la comprensión del intelecto. En pocas palabras: nosotros cosechamos lo que sembramos. Estamos cosechando lo que sembramos. No podemos cosechar lo que no hemos sembrado y cosecharemos lo que estamos sembrando.

Una vez leí una entrevista con la Madre Teresa de Calcuta, una monja católica muy reconocida por su labor con los pobres y los enfermos. Recuerdo que le preguntaron cómo es que toleraba estar tan cerca y, aún más, tocar a las personas con lepra. Su respuesta me sacó lágrimas. Ella difícilmente entendió la pregunta, pero dijo que ella ve la cara de Dios en la cara de los demás y les ama. ¿Cuáles piensas que serán los resultados de esas semillas mentales de esta mente tan majestuosa y bella?

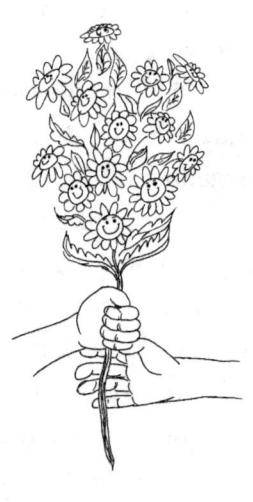

Colofón

Hecho está.
Que todos tus deseos se vuelvan realidad fácilmente.

Que tu vida sea una fuente de amor y bondad
para llenar el mundo de alegría.
Debasish Mridha, M.D.

Sarahni (Susan Pocock) Stumpf

Este libro fue escrito en su mayoría durante un intenso retiro espiritual en Diamond Mountain, Arizona, 2011-2014.

Las regalías del autor, menos los impuestos que se deban, serán donadas regularmente a Diamond Mountain, Inc., 501(c)3 número 86-0959506, como agradecimiento por los programas que ofrece.

Diamond Mountain, Inc.
PO Box 37
Bowie, Arizona, USA, 85605
www.diamondmountain.org

Estoy profundamente agradecida con Diamond Mountain, sus programas, maestros y estudiantes por haberme brindado mucho de lo que he compartido con ustedes.

Que esta virtud florezca y se esparza.

El cachorro, la pluma, y el juguete para mascar:

Programa para uso diario

Nada funcionara a menos que tú lo hagas.

Maya Angelou.

Te felicito por haber escogido cambiar tu vieja forma de ser y tu forma limitada de pensamiento para transformarte en un creador consciente de tu propio futuro. ¡Tú eres una persona diferente y especial y estás listo para hacer un cambio en nuestro mundo más allá de tus sueños más ambiciosos! Gracias por unirte a este grupo, gracias a todos aquellos que están usando este método. Juntos podemos lograr más que la suma de cada uno de nuestros esfuerzos individuales. Si en algún momento deseas dejar este proyecto de equipo, ten la confianza de poder hacerlo en cualquier momento, pero ahora que ya sabes sobre las "semillas", ¡nunca sabrás si esto funcionó o no! Junto con el grupo de trabajo o sin él, puedes "usarme" como un recurso para tu aprendizaje, para que puedas convertirte en el jardinero del futuro que deseas ver. Te recomiendo leer The Karma of Love de Michael Roach como libro de texto para el método de los Cuatro Pasos y como una guía para aprender a ver las experiencias de la vida en términos de qué semillas están floreciendo y qué semillas necesitamos plantar para poder crear el futuro que queremos experimentar.

Ahora que ya posees el secreto de cómo sanar cualquier cosa, espero que estés deseoso de poner en práctica este proceso. Por favor, tómate el tiempo necesario para explorar cada paso, y entrena para mantener estos conocimientos siempre presentes en tu mente. Los resultados que lograrás de todo este proceso serán aún más poderosos.

Esta guía está diseñada para un programa de seis semanas:

Semana 1: Acostumbrarse a recordar nuestro "Yo quiero..." (¡y regocijarse!).
Semana 2: Planeación (¡y regocijarse!).
Semana 3: Hacer contacto (¡y regocijarse!).
Semana 4: Recordar las dos nobles intenciones (¡y regocijarse!).
Semana 5: Aumentar nuestra práctica de regocijo (¡y regocijarse!).
Semana 6: Reconocer el progreso (¡y regocijarse!).

¡Diviértete! Puedes enviarme tus preguntas, comentarios, sugerencias o preocupaciones que puedan surgir. Tus historias sobre tus experiencias de los Cuatro Pasos son bienvenidas así como también tus sentimientos, pensamientos, luchas, logros y sabidurías que quieras compartir.

Puedes contactarme: **Sarahni Stumpf**
puppypenchewtoy@gmail.com

Semana 1: Fijando tu intención

Esta semana por favor práctica recordar tu enunciado "Yo quiero..." para que entrenes a tu mente para tenerlo siempre presente.

Crea un método que te recuerde las Cuatro Leyes: cosechamos lo que cultivamos. Estamos cosechando lo que hemos plantado. No podemos cosechar lo que no hemos plantado y cosecharemos lo que estamos plantando.

Recuerda el ejemplo de la pluma, el humano y el cachorro para recordarte a ti mismo que la identidad de todas las cosas que estás viviendo es el resultado de lo que te has visto a ti mismo pensar, decir o hacer hacia alguien más. Cada experiencia, es por lo tanto, una oportunidad de actuar de tal manera que plantes las semillas que quieras que maduren en el futuro. Recuerda que nuestras reacciones habituales son las mismas acciones que han creado nuestras experiencias presentes. Si tu experiencia presente es placentera, entonces actúa como de costumbre (con amor, con amabilidad, con compasión, siendo generoso y preocupándote por los demás). Si en este momento tus experiencias son desagradables, entonces deja de actuar en piloto automático y elige una acción diferente, una acción que sea amorosa, amable y llena de compasión. Escoge actuar de una manera contraria a la manera en que generalmente actúas. El simple hecho de recordar esta sabiduría es un gran comienzo para poder realizar algún día muy cercano estos cambios en nuestro comportamiento.

Revisa el estado de tu salud para confirmar, modificar o cambiar tu enunciado "Yo quiero...".

Empieza a pensar qué tipo de semillas necesitarás plantar para obtener el cambio que quieres ver.

¡Regocíjate!

Regocíjate en haber leído EL CACHORRO, LA PLUMA Y EL JUGUETE PARA MORDISQUEAR: el secreto de cómo sanar cualquier cosa.

Regocíjate en el reconocimiento que ha alcanzado tu visión y que puedes utilizar para sanar el mundo y a ti mismo.

Regocíjate en las buenas acciones de las otras personas que también están usando este sistema.

Regocíjate cada vez que recuerdes tú enunciado "Yo quiero..." y que las semillas que estás deseoso de plantar puedas convertirlas en una realidad.

Regocíjate en cada una de las cosas buenas que veas a tu alrededor.

Semana 2: Planeación

En este punto ya has determinado qué semillas plantarás y con quién las usarás para que crezcan en el jardín de tu enunciado "Yo quiero...".

Recuerda que para poder cosechar los resultados que quieres, debes primero verte a ti mismo ayudando a alguien más a alcanzar los resultados que ellos quieren. Es más poderoso si los resultados que ellos quieren obtener son similares a los tuyos.

Tu tarea es poner atención a la gente con la que regularmente interactúas para descubrir qué es lo que ellos quieren o necesitan o con qué están teniendo dificultades, para que puedas identificar a la persona que será tu amiga para el cuidado de la salud.

Antes de que hables con ellos imagínate cómo será la conversación. ¿Cómo podrás hablar con ellos sobre el problema en el que estás trabajando? ¿Cómo pedirás ayuda y cómo ofrecerás la tuya? Observa tu horario y sé muy claro en cuanto al tiempo y la frecuencia para llevar a cabo tu plan, esto tal vez requiera que reorganices tus actividades. No satures tu tan ocupado horario.

¿Qué es lo que ambos pueden hacer para ayudarse mutuamente sobre el problema en el que están trabajado? Empieza con ideas convencionales que ambos deseen intentar. Expande a posibilidades alternas, si es que tu amigo está dispuesto para el cuidado de la salud. Ten en cuenta que mientras más sepamos cuáles son las formas más profundas y sutiles podemos proteger la vida y el bienestar de los demás de una mejor manera. Planea compartir estos pensamientos como actividades para que ambos puedan ayudarse. Mantente dispuesto a tener una mente abierta a las ideas de tu amigo, a pesar de que te sugieran algo que ya has intentando anteriormente.

Embellece tus planes, imagínate todos los buenos resultados que ambos obtendrán. Después imagina que compartes los Cuatro Pasos con ellos. Imagina que ellos empiezan con estos Cuatro Pasos y durante su proceso lo comparten con otros, quienes lo comparten con otros, quienes lo comparten...

¡Regocíjate!

Regocíjate en todo el proceso de tu planeación.
Regocíjate en la fantasía de ver los resultados propagarse.
Regocíjate en tu entendimiento de cómo plantar las semillas para tu felicidad y tu bienestar al tratar de ayudar a alguien más para que ellos aumenten su felicidad y su bienestar.
Regocíjate en tu enunciando "Yo quiero..." y en lo que estás haciendo para llevarlo a cabo.
Regocíjate en haber leído EL CACHORRO, LA PLUMA Y EL JUGUETE PARA MORDISQUEAR: el secreto de cómo sanar cualquier cosa.
¡Regocíjate en que tu práctica de regocijo es más fuerte!

Semana 3:
Hacer contacto

Cuando estés listo, contacta a la persona que hayas seleccionado. Pídele ayuda. Planea un encuentro con ellos en cuando sea posible para que no se pierda esta oportunidad. Ten en cuenta tu enunciado "Yo quiero..." y tu entendimiento sobre las semillas y de cómo ayudarás a todos en tu mundo a obtener su bienestar gracias a lo que tú estás haciendo.

Disfruta mientras le preguntas a tu amigo para el cuidado de la salud sobre su salud (o cualquier cosa). Preocúpate por sus necesidades de salud, escúchalos, ponles atención y ve por ellos.

¿Qué actividades pueden hacer juntos para ayudarse el uno al otro? Haz un plan para ayudarse mutuamente con frecuencia, y sé consistente en cuanto te sea posible.

Recuerda que si ellos rechazan tu oferta en el transcurso de este proceso, dale las gracias y encuentra a un nuevo amigo para el cuidado de la salud con quien puedas trabajar. Siempre habrá alguien que quiera tu ayuda. Ya has plantado unas semillas muy poderosas con tu intento de ayudar a la primera persona.

¡Regocíjate!

Regocíjate en haber hecho el primer contacto.

Regocíjate en el placer que sintió tu amigo para el cuidado de la salud cuando le prestaste tanta atención.

Regocíjate en tu deseo de ayudarles y en aceptar su ayuda.

Regocíjate en tu entendimiento de cómo plantar las semillas para tu felicidad y tu bienestar al tratar de ayudar a alguien más para que ellos aumenten su felicidad y su bienestar.

Regocíjate en toda tu planeación.

Regocíjate en haber leído EL CACHORRO, LA PLUMA Y EL JUGUETE PARA MORDISQUEAR: el secreto de cómo sanar cualquier cosa.

¡**Regocíjate** en que tu práctica de regocijo es más fuerte!

Semana 4:
Acción con intención:
Recuerda tus más nobles intenciones

Estás trabajando con tu enunciado "Yo quiero..." al ayudar a alguien más a lograr lo que ellos quieren y que es parecido a tu meta. Estás haciendo esto porque entiendes que las semillas mentales están siendo constantemente plantadas en tu mente de la manera como te ves a ti mismo pensando, diciendo y actuando hacia los demás. Entiendes que estas semillas mentales tarde o temprano madurarán de una manera similar y se reflejarán en cómo los demás actúan hacia ti. Entiendes que los resultados placenteros sólo provienen de acciones bondadosas y que los resultados desagradables provienen de acciones crueles, sin importar lo que parezcan al momento. Entiendes entonces que para experimentar placer en el futuro tienes que verte a ti mismo siendo bondadoso con los demás.

Tú eres amable con los demás, probablemente muy seguido y como resultado tú experimentas muchas cosas placenteras. Pero estás plantando estas semillas de una manera casual y sin alguna intención, por lo que los resultados serán casuales y se manifestarán como eventos inesperados. No podrás reconocer cómo ciertos comportamientos influyen en tus futuras experiencias. Esto hace difícil hacer un esfuerzo de practicar una nueva forma de comportamiento.

El mantener tus nobles intenciones en mente cuando interactúas con tu amigo para el cuidado de la salud añade la fuerza necesaria a tus semillas para que puedas conocer sus resultados. El mantener tus nobles intenciones en mente durante cualquier actividad que hagas aumentará el poder de todas las semillas que estás plantando.

Las nobles intenciones:

1. Le estoy ayudando a mi amigo con su problema de salud para poder plantar las semillas que necesito en mi mente, las cuales madurarán al verme yo mismo recibiendo ayuda para mi problema de salud. Con esto compruebo que el sistema trabaja, lo pongo en práctica, y ayuda a más y más gente.

2. Estoy trabajando en el paso número 1 para poder compartirlo con otros para que ellos puedan crear el futuro que ellos quieren al ayudar a otros a aprender a crear el futuro que ellos quieren al ayudar a otros a crear el futuro que ellos quieren al ayudar a otros. Estoy haciendo esta para crear una revolución del cuidado de la salud.

Crea tu propia frase, que despierte tu mente y abra tu corazón. Haz pública tu frase especial como en notas adhesivas en muchos lugares diferentes. Consúltala a menudo.

Tenla en cuenta, especialmente cuando te reúnas con tu amigo para el cuidado de la salud. Recuérdala cuando te encuentres con él por primera vez. Recuérdala mientras los dos están interactuando. Recuérdala cuando te vayas. Recuérdala mientras conduces a casa. Recuérdala...

¡Regocíjate!

Regocíjate al recordar tus dos nobles intenciones.
Regocíjate en hacer el primer contacto.
Regocíjate en el placer que sintió tu amigo para el cuidado de la salud cuando le prestaste tanta atención.
Regocíjate en tu deseo de ayudarlos y que ellos te ayuden.
Regocíjate en tu entendimiento de cómo plantar las semillas para tu felicidad y tu bienestar al tratar de ayudar a alguien más para que ellos aumenten su felicidad y su bienestar.
Regocíjate en tu enunciado "Yo quiero..." y cómo lo estás realizando.
Regocíjate en toda tu planeación.
Regocíjate en haber leído EL CACHORRO, LA PLUMA Y EL JUGUETE PARA MORDISQUEAR: el secreto de cómo sanar cualquier cosa.
¡Regocíjate en que tu práctica de regocijo es más fuerte!

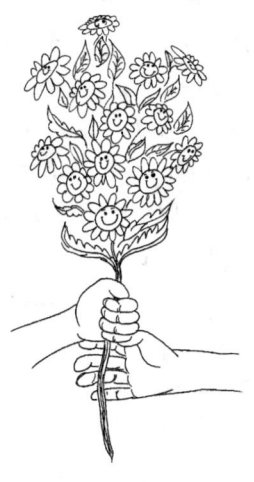

Semana 5:
El regocijo completa la acción

El ser feliz con nosotros mismos por las cosas bondadosas que hemos pensado, dicho y hecho por los demás añade poder a las semillas mentales que hemos plantado. Es como el agua que la jardinera ha rociado sobre la tierra en donde ella ha plantado las preciosas flores y las semillas de los vegetales. El regocijarte repetidamente en tus bondades es como el calor de la luz del sol que ayuda a esas pequeñas y húmedas semillas a florecer.

Cultiva regularmente tu práctica de regocijo diario para que puedas obtener los mejores resultados de tu nuevo comportamiento. Elige el momento que más se te acomode, por ejemplo, antes de ir a la cama permite que un estado positivo de tu mente te lleve a dormir. Si el único momento en el que estás solo es cuando vas en tu carro rumbo al trabajo, entonces sal 5 o 10 minutos más temprano y regocíjate antes de manejar.

La otra posibilidad es que compartas tu práctica de regocijo con tu familia. Puede ser un tema de conversación durante la comida, en donde cada miembro de la familia puede compartir algo bueno que ellos observaron así como también las cosas bondadosas que ellos hicieron por alguien más. Esta actividad plantará semillas muy poderosas en las mentes de todos.

Refiriéndonos específicamente a los esfuerzos realizados para llevar a cabo los Cuatro Pasos: recuerda que ya has definido tu enunciado "Yo quiero...", y que ya has planeado qué semillas quieres crear y hacia quién. Después continúa, regocíjate en recordar el proceso de aprender a hacer esto y porqué lo estás haciendo, recuerda cómo te conectaste con tu amigo para el cuidado de la salud y cómo se han ayudado el uno al otro y finalmente disfruta cómo ellos han disfrutado en ayudarte, y cómo disfrutan el que tú les ayudes. Piensa en el placer que surgirá al continuar ayudándose uno al otro y en los resultados que cosecharán. Sé feliz contigo mismo sobre la manera en cómo te has aplicado para aprender estos Cuatro Pasos.

Imagínate qué felices serán todos los que te conocen cuando se den cuenta de que la manera de obtener la felicidad que ellos quieren es ayudando a los demás a obtener algo que ellos quieren. Todos ayudando a alguien. ¡Todos regocijándose y siendo felices por esta actividad!

Regocíjate en cualquier acto de bondad grande o pequeño que puedas recordar. El regocijo no tiene límite o fecha de caducidad.

No necesitas limitar tu práctica de regocijo solamente a una vez al día, deja que éste se esparza en tus actividades y durante tus interacciones con los demás. Una persona feliz y segura levanta el ánimo a aquellas personas que estén cerca sin tener que hacer algo en particular.

Reconoce la belleza, el placer, la riqueza, la salud y ama aquello que ya estás viviendo y que son los resultados de tus acciones bondadosas del pasado. Regocíjate en haberlo creado todo. ¿Cómo puedes compartirlo para perpetuarlo? ¿Cómo puedes crear más este tipo de bondades como las que ahora ves?

Si estás teniendo dificultades para tu práctica de regocijo, aplica los Cuatro Poderes a todas las formas en que estás causando o has causado que otros se hayan sentido inadecuados o indignos. Obsérvate a ti mismo. ¿Te sientes de esa manera o te tratas a ti mismo de esa manera? Recuerda que son las semillas madurando del hábito de no respetarte a ti mismo o a los demás. Siente un genuino remordimiento. Determina cómo hacer lo opuesto hacia los demás y hacia ti mismo. Mantente al tanto cuándo lo hagas y deja de repetir ese comportamiento indeseable.

Interesantemente, los celos y la codicia crean serios obstáculos para poder ser feliz con uno mismo y con el mundo. El antídoto es ayudar a otros a obtener las cosas que ellos quieren, especialmente aquellas cosas que nosotros queremos para nosotros mismos. ¡No es nuestra respuesta usual cuando estamos celosos de alguien! El ser feliz cuando otros obtienen las cosas que ellos quieren, ser feliz cuando ves a otros obtener lo que ellos quieren genera más y más tu propia felicidad, sin importar las circunstancias aparentes.

Si en realidad es verdad que todos quieren ser felices y que tú haces las semillas para la felicidad al tratar de ayudar a otros a ser felices, entonces no importa qué sea lo que te está sucediendo. Las semillas que madurarán serán las semillas de la felicidad, sin importar las circunstancias aparentes.

Esto nos lleva a un círculo completo. Regocijarse, ser felices en el bien que vemos a otros hacer y en el bien que nosotros mismos nos vemos haciendo, avanzará el proceso.

Entonces:

Ayuda a alguien a mejorar su práctica de regocijo y regocíjate en haberlo hecho.

¡Regocíjate!

Regocíjate en todas las maneras que has llevado felicidad a los demás.

Regocíjate en todas las veces que recordaste tus dos nobles intenciones.

Regocíjate en haber hecho el primer contacto.

Regocíjate en el placer que sintió tu amigo para el cuidado de la salud cuando le prestaste tanta atención.

Regocíjate en tu deseo de ayudarlos y que ellos te ayuden.

Regocíjate en tu entendimiento de cómo plantar las semillas para tu felicidad y tu bienestar al tratar de ayudar a alguien más para que ellos aumenten su felicidad y su bienestar.

Regocíjate en tu enunciado "Yo quiero…" y cómo lo estás realizando.

Regocíjate en toda tu planeación.

Regocíjate en haber leído EL CACHORRO, LA PLUMA Y EL JUGUETE PARA MORDISQUEAR: el secreto de cómo sanar cualquier cosa.

Regocíjate en que tu práctica de regocijo sea más fuerte.

Semana 6:
Reconociendo los resultados

Ahora ya tienes el programa en las manos, o por lo menos tu entendimiento de cómo hacerlo. Si lo estás utilizando de una manera intencionada o no, el programa ya está empezando a trabajar. Si sigues los pasos con una mayor intención, los resultados serán más obvios una vez que aparezcan. Los resultados de tus acciones pasadas están madurando constantemente como tus experiencias actuales. Es sólo un pequeño ajuste en tu percepción para poder reconocer lo que está sucediendo, después regocíjate si la experiencia es placentera y arrepiéntete si es desagradable. Ambas acciones te llevarán a actuar con una gran gratitud y bondad, y así plantar semillas para un futuro placentero.

¿Cómo se verán los resultados del programa "el secreto para sanar cualquier cosa"?

- El bienestar de tu amigo para el cuidado de la salud mejorará.
- Nuevos tratamientos para tu condición estarán disponibles.
- Tus viejos tratamientos funcionarán mejor.
- Observarás cambios positivos en tu mundo en cuestiones de salud, cuidado, prevención y mejorías en tu vida.
- Verás gente sana a tu alrededor.
- Te sientes mejor, más feliz y con más confianza en tu habilidad de crear constantemente tu futuro.

¿Y qué sucede después?

Si tienes otra situación relacionada con la salud o con la vida en la que quieres trabajar, simplemente revisa tu programa y haz los ajustes necesarios. No hay límites en las cosas que quieras crear a través de plantar y cultivar tus semillas mentales adecuadamente.

Compártelo con otras personas.

Ayuda a otras personas a entender sobre la "jardinería" mental y del comportamiento, para que ellos puedan crear el futuro que ellos quieren. Organiza un seminario del "Secreto de como sanar cualquier cosa" para las personas que conoces. Comparte el secreto con tu amigo para el cuidado de la salud. Compártelo con quien te pregunte cómo es que hiciste esos cambios tan espectaculares.

Finalmente, regocíjate en todo el bien que has hecho, en toda la bondad que ves a tu alrededor. Es la llave del éxito de tu programa, tu éxito en tu vida.

¡Regocíjate!

Regocíjate en el éxito de tu programa del secreto de como sanar cualquier cosa.
Regocíjate de todas las maneras que has llevado felicidad a los demás.
Regocíjate en todas las veces que recordaste tus dos nobles intenciones.
Regocíjate en haber hecho el primer contacto.
Regocíjate en el placer que sintió tu amigo para el cuidado de la salud cuando le prestaste tanta atención.
Regocíjate en tu deseo de ayudarlos y que ellos te ayuden.
Regocíjate en tu entendimiento de cómo plantar las semillas para tu felicidad y tu bienestar al tratar de ayudar a alguien más para que ellos aumenten su felicidad y su bienestar.
Regocíjate en tu enunciado "Yo quiero..." y cómo lo estás realizando.
Regocíjate en toda tu planeación.
Regocíjate en haber leído EL CACHORRO, LA PLUMA Y EL JUGUETE PARA MORDISQUEAR: el secreto de cómo sanar cualquier cosa.
¡Regocíjate en que tú práctica de regocijo sea más fuerte!
Y...
Regocíjate en los maravillosos cambios que estás viendo.

Gracias por la oportunidad de poder compartir esto contigo. Espero que este libro haya sido de gran ayuda. Me gustaría escuchar sobre tus historias exitosas o sobre tus luchas, y de esta manera poder ayudar mejor a los demás.

Atentamente.
Sarahni
puppypenchewtoy@gmail.com

Apéndice

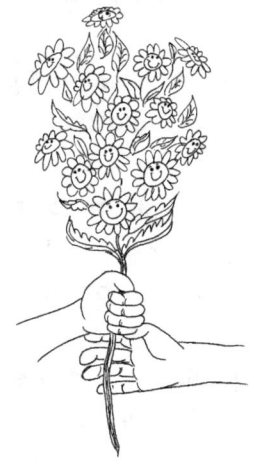

Las verdaderas causas de la sanación

Primero, por favor toma asiento y toma un papel en blanco o haz una fotocopia del siguiente diagrama. Utilizando un sistema de revisión de listas, haz una evaluación de tu estado de salud actual. Escribe sólo una o dos palabras por cada lista y describe qué es lo que sería para ti "estar saludable". Después indica si lo tienes o no, o si deseas mejorarlo.

Segundo, revisa cada una de las listas en las que te gustaría mejorar y decide el nivel de importancia. Utiliza la escala del 1 al 5, donde 1 es lo más importante y el 5 es lo menos importante.

Tercero, observa todo lo que marcaste con un "1" e identifica un tema en común entre todos estos. Por ejemplo, tal vez los "1" están relacionados con sentirse cansado, tener poca resistencia, una mente apagada, dormir mal y así.

Cuarto, haz un pequeño y conciso enunciado "Yo quiero…" que refleje lo que se te reveló durante el tercer paso. Por ejemplo, puede ser "yo quiero tener la energía y vitalidad necesaria para hacer las cosas que yo quiero".

Inventario del estado de salud
Fecha:

Importancia	Sistema	Cualidades de buena salud	Las tengo	Necesito ayuda
	Cabello, cuero cabelludo			
	Cabeza			
	Ojos, visión			
	Oídos, audición			
	Nariz, olfato			
	Boca			
	Dientes, encía			
	Lengua			
	Garganta, deglución			
	Voz			
	Articulaciones de la mandíbula			
	Cara			
	Cuello, músculos, huesos			
	Parte superior de la espalda, hombros			
	Articulaciones del hombro			
	Brazos, músculos, piel			
	Codos			
	Muñecas			
	Manos			
	Dedos			
	Uñas			
	Sistema inmune			

Importancia	Sistema	Cualidades de buena salud	Las tengo	Necesito ayuda
	Pecho, anterior y posterior			
	Mamas			
	Corazón, circulación			
	Pulmones, respiración			
	Estómago, digestión			
	Hígado			
	Vaso			
	Páncreas			
	Riñones			
	Intestinos, evacuaciones			
	Vejiga, orina			
	Órgano sexual, función			
	Libido			
	Ciclo menstrual			
	Fertilidad			
	Parte media de la espalda, músculos, huesos			
	Caderas, músculos, articulaciones			
	Muslos			
	Rodillas			
	Piernas			
	Tobillos			
	Pies, dedos			
	Flexibilidad			
	Fuerza			

Importancia	Sistema	Cualidades de buena salud	Las tengo	Necesito ayuda
	Resistencia			
	Función mental			
	Concentración			
	Satisfacción			
	Memoria			
	Acceso a la información			
	Calidad del sueno			
	Apetito			
	Peso			
	Relaciones			
	Emociones			
	Nivel de ejercicio, actividades diarias			
	Hábitos que romper			

Comentarios personales adicionales

Repaso de las causas de la sanación

4 Leyes	4 Flores	4 Pasos	4 Poderes
Definitivo	Madurará como algo similar	Saber qué es lo que quieres	Reconocimiento
Las semillas crecen	Madurará como un habito	Planear como ayudar a otros a obtener lo que ellos quieren	Arrepentimiento
Lo que no se planta no puede brotar	Madurará como las condiciones	Actúa de una manera intencional	Remedio
Todo lo que se ha plantado brotara	Se siembran y maduran 65 semillas cada instante y nunca terminarán	¡REGOCIJARSE!	Restricción

Las Cuatro Leyes

1. **Lo definitivo:** las semillas mentales de bondad madurarán como resultados placenteros y las semillas mentales crueles madurarán como resultados desagradables, y esto no puede ser de ninguna otra manera.

2. **Las semillas crecen:** las semillas mentales crecen mientras están madurando, los resultados serán más grandes que la causa.

3. **Las semillas no plantadas no podrán dar resultados:** no esperes algo de la nada, no te decepciones, sólo crea las semillas que son necesarias para que aparezcan los resultados.

4. **Las semillas plantadas darán un resultado:** ninguna semilla desaparece sin haber dado un resultado. Podemos aprender a dañar las semillas negativas que sabemos que tenemos para poder reducir la severidad de los resultados (o podemos detenerlos completamente).

Las Cuatro Flores

1. **Las semillas madurarán como un evento similar** al que las plantó.
2. **Las semillas madurarán como el hábito** de reacción a los resultados de la misma manera en que fueron plantadas.
3. **Las semillas madurarán como las condiciones del ambiente** (incluyendo la gente que nos rodea) el cual reflejará el comportamiento con el que fueron plantadas.
4. **Las semillas están madurando como nuestro futuro en este momento:** nunca se agotarán nuestras semillas. Las semillas se siembran a la velocidad de 65 semillas por cada instante de conciencia y florecen a la misma velocidad, pero se están multiplicando durante ese tiempo. Entonces siempre tenemos suficientes semillas mentales para estar conscientes de "yo y mi mundo", como quiera que este se vea.

Los Cuatro Pasos

1. **Identificar adecuadamente** las semillas que queremos plantar para poder obtener los resultados que queremos.
2. **Planear** cómo plantar esas semillas: hacia quién, qué hacer y cómo hacerlo.
3. **Acción intencionada:** llevar a cabo el plan con las dos nobles intenciones.

4. **Regocijarse al terminar:** aprópiate de la acción, sé feliz por el esfuerzo y por la felicidad que al parecer le trae a los otros, para que esta acción riegue las semillas y favorezca su maduración.

Los Cuatro Poderes

1. **Reconocimiento:** recordar nuestro entendimiento sobre el proceso de las semillas mentales para reconocer las semillas negativas que no queremos dejar ahí (ya sean nuevas o viejas).

2. **Arrepentimiento:** generar repudio por el comportamiento que causó que cometiéramos un acto cruel y un repudio profundo por haber plantado ese tipo de semillas, sabiendo que regresarán para lastimarnos. No es culpa, sino un remordimiento de corazón.

3. **Remedio:** determinar qué hacer y llevar a cabo algunas actividades que sirvan de antídoto.

4. **Restricción:** determinar no repetir el comportamiento negativo por un periodo de tiempo que pueda ser mantenido, y hacerlo.

Ideas que pueden servir de inspiración para el paso 2: Planeación

Prácticas convencionales para una vida saludable

Mantener un peso ideal.
Tener una rutina regular de ejercicios.
Comer una dieta baja en grasas saturadas y alta en fibra, con muchas frutas y vegetales.
Acudir al médico regularmente para una revisión anual de acuerdo a tu edad.
Tener tus vacunas al corriente.
Dejar de fumar, o no empezar a fumar.
Tomar alcohol con moderación.
Relajarte.
Duerme adecuadamente.
Practica sexo seguro.
Cepíllate los dientes y usa hilo dental con regularidad.
Ten cuidado con la exposición al sol.
Maneja con precaución.
No uses el celular mientras manejas.
Siempre utiliza el cinturón de seguridad.
No manejes si estás intoxicado.
Ve a Alcohólicos Anónimos o algún grupo similar si es que lo necesitas.
¡Ríete mucho, especialmente de ti mismo!

Sugerencias de prácticas alternativas para una vida saludable

Tai Chi.
Yoga.
Natación.
Qi gong.
Medicina alternativa/herbolaria, homeopatía ayurvedica, medicina tradicional china/acupuntura.
Utiliza los suplementos nutricionales adecuados.
Caminar 20 minutos diarios.
Estira tu cuerpo.
Utiliza especias como forma de medicina.
Limpia tu hígado con una guía adecuada.
Limpia tu intestino con una guía adecuada.
Relájate regularmente.
Duerme las horas apropiadas.
Utiliza un dispositivo de lavado nasal para mantener los senos paranasales limpios.
Escucha música con regularidad.
Canta.
Baila.
Juega.
Evita la exposición a la contaminación.
Adopta una mascota, cuídala y quiérela mucho.
Darte un masaje regularmente.
Socializa.
Muéstrate presente y disponible para los demás.
Minimiza la exposición a la radiación.
Toma respiraciones profundas.
Sonríe.
Ríe.
Medita con regularidad.
Haz trabajo voluntario.
Atiende tu vida espiritual.
Disciplina tu comportamiento y tu mente para que se encaminen hacia la bondad.

Semillas que mejoran nuestra vida / Protegen la vida

Lleva a alguien a la sala de emergencias o a su cita con el doctor cuando se presente la oportunidad.
Lleva a pasear al perro, cualquier perro (con permiso del humano del perro, por supuesto).
Comparte un viaje en carro.
Maneja con precaución.
Remueve obstáculos: literal y figurativamente.
Comparte información.
Escucha a los demás.
Reúsa y recicla para disminuir los desperdicios.
Conserva los recursos.
Dona sangre o plaquetas regularmente.
Quedarse en casa cuando tienes una enfermedad contagiosa.
Practica una buena higiene.
Come frecuentemente platillos vegetarianos.
Selecciona pollos felices y huevos no fertilizados.
Compartir platillos vegetarianos con otros cuando tengas la oportunidad.
Evita matar insectos.
Realiza actos de bondad.
Actúa teniendo en mente que nuestras acciones beneficien a todos los seres sintientes.
Acarrea agua extra.
Libera gusanos de tierra que de otra manera serían usados como carnada para peces.
Libera peces y grillos en ambientes adecuados.
Pon atención a la seguridad en casa y en el trabajo.
Ayuda a los deshabilitados.
Busca maneras de cómo ayudar a los demás.
Quita las cosas peligrosas.
Remueve peligros.
Rescata una mascota de un refugio de animales y cuídala con amor.
Ayuda a recordarles a otros a tomar sus medicinas.
Ayuda a alguien a hacer ejercicio regularmente.

Añade tus propias ideas...

Guías simples

En mis seminarios, la gente pregunta frecuentemente por una guía simple sobre cuáles son los comportamientos que se deben evitar y cómo cambiarlos. Estas son las 10 mejores sugerencias, pero son comunes para todas las tradiciones espirituales.

Acciones no virtuosas, cosas que hacemos de una manera obvia o sutil y que regresarán a nosotros para lastimarnos:	Virtudes, cosas que hacemos de una manera obvia o sutil y que regresarán a nosotros de una manera placentera (lo opuesto de las diez acciones no virtuosas):
Matar	Proteger la vida
Robar	Proteger la propiedad de otros
Conducta sexual inapropiada	Proteger/honrar la relación y el compromiso de los otros
Mentir	Hablar con la verdad
Lenguaje que dañe	Hablar con gentileza, suavidad, de una forma placentera
Lenguaje que divida	Hablar para unir a la gente, para elogiar a alguien ante los demás, señalar las buenas cualidades de otras personas
Lenguaje irreflexible	Hablar con propósito, con significado, hablar de cosas importantes
Codicia (celos)	Estar contento por el éxito, la prosperidad, los logros y las bondades de otros
Desear el mal	Preocuparse por las desgracias ajenas, estar dispuesto a ayudar sin importar si nos caen bien las personas o no
Tener conceptos equivocados de la realidad	Tener conceptos correctos de la realidad; entender la verdad de "lo que cultivamos cosecharemos" y sus implicaciones

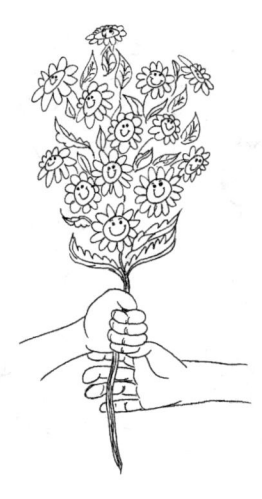

Recursos

Libros especificos para las ideas del 4x4:

The Tibetan Book of Yoga. Michael Roach, Doubleday Division of Random House USA, Inc. 2004

The Eastern Path to Heaven: A Guide to Happiness from the Teachings of Jesus in Tibet. Michael Roach, Seabury Books, 2008

The Diamond Cutter: The Buddha on Managing Your Business and Your Life. Michael Roach, Random House USA Inc, Doubleday & Co Inc. 2009

Karmic Management: What Goes Around Comes Around in Your Business and Your Life. Michael Roach, Christie McNally, and Michael Gordon, Random House USA Inc , Doubleday & Co Inc. 2009

The Karma of Love: 100 Answers for Your Relationship, from the Ancient Wisdom of Tibet. Michael Roach, Diamond Cutter Press 2013

Mis favoritos

Cualquier libro de los siguientes autores, aunque no solamente de ellos:

Carloyn Myss, Deepak Chopra, Marianne Williamson, Dawson Church, Norman Shealy, Joe Dispenza, Tenzin Gyatso, Annie Besant, Eckhart Tolle.

Historias para crecer

El poder del regocijo

Sarahni Stumpf

Después de muchos años de estudiar las Cuatro Leyes, las Cuatro Flores, los Cuatro Pasos y los Cuatro Poderes, he tenido la rara oportunidad de usarlos todos en una situación de emergencia. Anterior a este incidente, yo entendí que "el retraso es inevitable y largo". En los últimos cinco meses de nuestros mil días de retiro intenso, a mi alto, guapo, gracioso, inteligente y saludable esposo de repente le faltaba el aliento. Su pulso estaba aumentando, su presión estaba subiendo, y tenía dolor en la parte inferior del pecho. Tomamos la decisión de que necesitaba tomar un descanso del retiro y yo me quedaría. El por qué me quedé es otra historia. Mi esposo empacó unas cuantas cosas, se contactó con el personal que se encargaba del retiro y lo llevaron inmediatamente al servicio de emergencias, que está a 45 minutos de distancia.

Desde el momento en que dejó nuestra cabaña del retiro no tuve información directa sobre su condición. Me encontré confrontándome claramente con esta naturaleza vacía, disponible, de mi realidad momento a momento. No sabía si él había podido bajar la colina. No sabía si el personal lo había llevado a la sala de emergencias. No sabía si había llegado a la sala de emergencias. No sabía nada. Pero allí estaba, esperando como si no pudiera hacer nada hasta que alguien viniera a darme noticias.

De hecho, fue fascinante, estar tan cerca de alcanzar esta experiencia directa de la verdadera naturaleza de la realidad. Pero no pude alcanzarla. Mi mente estaba muy activa, muy preocupada pero pude percibir algo que nunca voy a olvidar.

Después de varias horas, el encargado del personal me dijo que David llegó a la sala de emergencias. Él estaba muy enfermo. No era su corazón. Ellos no sabían aun lo que era. Tomarían una tomografía computarizada de su pecho y tendrían que pasar de dos a tres horas antes de que supieran más sobre su condición. Luego el empleado compartió conmigo una experiencia que había tenido recientemente con su esposa. Ella tenía un dolor en el pecho y fue al servicio de urgencias. Todos los exámenes indicaban que estaba teniendo un infarto. La metieron a cirugía para hacerle un angiograma. Mientras esperaba, su esposo habló con nuestro maestro quien le aconsejó que recordara todas las maneras en la que su esposa había protegido la vida, cómo había cuidado de la salud de otros y que se regocijara en todas las semillas de bondad que ella tenía en su mente. Ella tenía seis hijos y varios nietos, por lo que ella tenía muchas semillas que él conocía. Se sentó en la sala de espera feliz al recordar las semillas de su esposa por haber cuidado de la salud de otros. Pronto, el cirujano salió para decirle que el corazón y los vasos de su esposa estaban en perfecto estado de salud. No había signos de infarto. No había taponamiento. ¿De dónde salieron todos los resultados anteriores? No lo sé, dijo el cirujano. "Pero yo veo un corazón perfectamente saludable".

    Tomé estas instrucciones muy en serio. Entonces empecé a pensar en todas las formas que he "cuidado de la salud" pero inmediatamente me di cuenta que necesitaba identificar todas las acciones para cuidado de la salud que David había hecho. Afortunadamente lo conozco muy bien (tenemos 37 años de casados) y pude recordar todas las formas en que él ha protegido la vida. También conozco todas las formas en que ha lastimado la vida y continuamente tuve que detener esos pensamientos para que no surgieran. No, en este momento me estoy regocijando en todas sus bondades y necesito que esas semillas maduren ahora mismo. Somos vegetarianos desde hace más de 20 años. Él llevó un colibrí herido rápidamente a un especialista en rehabilitación. Él se detuvo a ayudar a personas a cambiar llantas ponchadas, ha cocinado para nosotros y ha reparado muchas cosas para las personas. La lista era muy larga y seguía creciendo mientras más pensaba en ella. Mientras me preocupaba de que fuera a morir, también me sentía realmente feliz. Feliz de tener munición tan poderosa para poder cambiar la maduración de las semillas de "mi esposo enfermo que tal vez muera" a "se ha salvado la vida de mi esposo".

Hice esto por horas hasta que recibí más información. David tenía un embolismo pulmonar bilateral masivo y un infarto pulmonar (tejido pulmonar muerto). Uno de los resultados de sus exámenes estaba tan mal que los doctores no podían creer que estuviera vivo, mucho menos que estuviera reaccionando. Él estaba estable, tenía oxígeno y la medicina indicada y estaba esperando a ser transferido a un hospital más grande en Tucson, que está a dos horas. Ellos esperaban que estuviera bien si es que no surgían complicaciones. Él necesitaría tomar un medicamento anticoagulante y tendría que hacerse estudios de sangre regularmente y seguir una dieta muy estricta. Era poco probable que regresara al retiro a completar los últimos meses. Pasaron dos días antes de recibir más información.

Me sentí como si me hubiera caído una tonelada de ladrillos encima. No por el estrés de que él estuvo a punto de morir, sino por el verdadero poder de los 4x4 y cómo se puede usar en este momento. Para mí, esto ya no era teoría, sino una experiencia directa.

Después practiqué aún más para poder cambiar las semillas de que él no haya podido regresar al retiro y estuviera seguro. Él tenía semillas de haber ayudado a otras personas a quedarse en un retiro que estaba a punto de ser cancelado. Él tenía las semillas de haberse asegurado de que las cabañas en nuestro centro de retiro se construyeran de acuerdo con los códigos de seguridad. Él diseñó y construyó el sistema que provee agua segura y saludable para todos. ¡Estas semillas maduraron como en el tomar otro medicamento que no necesitara, frecuentes estudios de sangre y una dieta estricta! Él regresó al retiro. Fue con una gran gratitud y gozo que salimos juntos del retiro el día de la inauguración.

Desde entonces he compartido esta práctica de regocijo con personas que se encuentran en situaciones similares, con una persona amada que está muy enferma pero que aún no ha sido diagnosticada. Hasta que las semillas no maduren la situación puede ser influenciada. El regocijarse en sus semillas de bondad puede tener un efecto poderoso y rápido. Después les podemos ayudar a crear más de estas semillas de bondad.

Aun las expectativas responden a las semillas

Sarahni Stumpf

Yo tengo una amiga, ella es una mujer de mediana edad que desarrolló artritis degenerativa de la cadera a muy temprana edad. Ella tenía un dolor constante y sólo respondió moderadamente a la acupuntura, al Reiki, a los cambios en la dieta y la medicina. La gente en la que ella confiaba le aconsejaba evitar la cirugía para remplazar la cadera lo más que pudiera. Ella entendió que la cirugía probablemente no detendría su dolor porque el dolor en realidad no era causado por la artritis. Ella cojeaba, usaba un bastón que restringía sus actividades y sentía dolor todo el tiempo. Entonces se presentó la oportunidad de cuidar en casa al anciano tío de un amigo. Su esposa estaba en un asilo y a él le gustaba visitarla una vez por semana y la llevaba a su casa para que viera a sus gatos. Su salud se estaba deteriorando hasta el punto de que no podía hacerlo sin ayuda. Su sobrina estaba preocupada de que él viviera solo. ¡Mi amiga aprovechó la oportunidad para ayudar a este hombre, su esposa y su amiga con su salud, seguridad, transporte y relaciones, mientras encontraban un lugar en donde quedarse! Ella cuidó del hombre, gentil y bondadosamente. Un poco menos después de un año, ella decidió que era tiempo para el remplazo de su cadera. Ahora ella está caminando sin cojear, sin bastón y sin dolor.

Imaginando un nuevo camino

Ron Becker

En el 2000, me desperté una mañana y le dije a mi esposa que algo estaba muy mal con uno de mis ojos. Fuimos al oftalmólogo, quien me dijo que tenía degeneración macular, una condición que le sucede a muchas personas de la tercera edad y con el paso de los años también desarrollé esta condición en mi otro ojo.

En el mismo año nos volvimos a reencontrar con la antigua sabiduría a través de nuestro maestro espiritual y al mismo tiempo nos pusimos en contacto con una mujer en Arizona quien tenía una clínica al cruzar la frontera de México. Me convertí en el proveedor de partes para su clínica y desarrollé una red de proveedores de equipo para terapia física: sillas de ruedas, andadores, muletas y bastones en la región de Denver. Llevé muchos cargamentos de equipo usado que los proveedores me daban para llevar a México durante muchos años.

Después de volver a aprender los Cuatro Pasos del Camino del Karma en esta vida, dediqué y me regocijé en todo el mérito que había creado a través de mi vida al dar la oportunidad a muchas personas en México de desplazarse más fácilmente.

Además, en los años 70, y durante muchos años, mi esposa y yo enviamos dinero a SEVA, una organización que da lentes gratis y cirugías de cataratas gratis a gente pobre en todo el mundo (www.seva.org). Por 35 dólares al mes, nosotros podíamos "curar" la ceguera de una persona en el mundo.

Más o menos un año después, note que mis ojos habían mejorado. Durante mi última cita con el retinólogo, me dijo que mis ojos "definitivamente habían mejorado". Esto viene de haber ayudado a otros aquello por lo que a mí me pasó. Podemos cambiar todo si creamos y maduramos las semillas necesarias para que esto ocurra.

Después de que mi suegra murió en el 2012, nos dejó algo de dinero, y lo usamos para ayudar a los demás. Hemos mandado suficiente dinero a SEVA para patrocinar una clínica de ojos en Nepal, para que muchos ciegos puedan recibir una cirugía de cataratas y puedan ver por primera vez a sus nuevos nietos, yernas o esposas.

Continuamos creando el mundo que nosotros queremos.

Adenda de Sarahni: casualmente, a Ron se le encontró un aneurisma aórtico después de una resonancia magnética que se le realizó por un problema de su espalda. El aneurisma fue reparado con éxito. Un aneurisma aórtico generalmente puede ser causa de muerte repentina antes de ser diagnosticado. ¿Fue que Ron solamente tuvo buena suerte? ¿O fue el resultado de los cuidados de salud que dio a otros?

Viviendo los Cuatro Pasos

Christine Walsh

En el 2006 empecé a estudiar las prácticas de la Antigua Sabiduría y a aprender una manera nueva de entender las verdaderas causas de la salud y el bienestar. Esta sabiduría es profunda y suena muy sencilla, pero puedo decirte sin reserva alguna que es la medicina más poderosa. La medicina que finalmente me funcionó.

El año anterior, fui diagnosticada con artritis reumatoide. Es una enfermedad muy dolorosa y debilitante. Prácticamente la tenía en todas las articulaciones de mi cuerpo. Tenía mucho dolor y tenía mucho miedo. La mayor parte de mi vida, gocé de una salud perfecta e ilimitada energía. Me gustaba mucho mi trabajo como sicóloga pero tuve que dejarlo ya que me costaba mucho hasta vestirme por mí misma. Cuando me bañaba, tenía que descansar por una hora para recuperar mi energía. A veces me quedaba atorada en mi cuarto porque no podía girar la perilla. Pasé de ser una persona vibrante, llena de energía, de cincuenta años a una persona enferma, vieja y frágil de un día para otro.

Mi doctor me dio los medicamentos usuales para la artritis reumatoide y a pesar de que seguía aumentando las dosis, yo todavía sentía mucho dolor y mi movimiento era muy limitado. Entonces mi esposo consiguió llevarme a la clínica Mayo a ver al mejor reumatólogo del país. Yo quería un tratamiento más holístico que incluyera medicina por supuesto, pero que integrara otras prácticas. La doctora de la clínica Mayo me dijo que había dos opciones: que tomara la medicina como ella lo indicaba o vivir mi vida en una silla de ruedas.

Me tomé la medicina pero aún sentía dolor y tenía poca energía. Entonces fue cuando empecé a sumergirme en las prácticas de la sabiduría antigua. El principio esencial dice que si queremos salud, que si yo quiero recuperar mi salud, que si yo quiero que mi medicina sea realmente efectiva, si yo quiero tener energía y vitalidad, debo dar lo que yo quiero y necesito a alguien más. Sonaba extraño, raro y muy bueno para ser verdad cuando lo escuché. Pero si tienes dudas, qué bueno. Reta estos principios y lucha con ellos. Pero no permitas que tus dudas te detengan de experimentar los principios por ti mismo.

Yo no tenía ni los recursos ni la energía para físicamente ayudar a los demás debido a esta enfermedad tan dolorosa, por lo que empecé con lo que yo podía hacer: una sesión de meditación llamada Dando y Tomando. Dando y Tomando, es una manera interna de ayudar a los demás y dar a los otros las cosas que nosotros queremos. Esta meditación es muy antigua y poderosa y lo único que puedo decir es que para mí, funcionó de maravilla. Bueno, no funcionó de la noche a la mañana, tuve que hacerla por un año. Fue mi práctica predominante y cuando empecé a sentirme mejor, empecé físicamente a ser voluntaria. Enseñé esta meditación al grupo de artritis reumatoide, y tomaba cada oportunidad para ayudar a cualquier persona que estuviera enferma o sufriendo de alguna manera.

Después, un día me di cuenta de que estaba haciendo Hatha Yoga, viajé a China, enseñaba y la mayor parte del tiempo olvidaba que tenía artritis reumatoide. Aún tomo medicina, pero ahora la medicina trabaja perfectamente. Aún continúo mi práctica. Ahora mi meta es dejar de tomar cualquier medicina.

Lo que quiero decir sobre vivir con esta sabiduría y práctica de las perfectas y antiguas enseñanzas es que la "práctica" tiene que transformarse en un estilo de vida y tiene que impregnar tu vida. En el momento en que empiezo a sentirme mal o a sentir los viejos síntomas de la artritis reumatoide, empiezo a planear en cómo plantar más semillas para la salud de una manera más intensa y empiezo a buscar a alguien que esté enfermo para poder servirle. Si por mí fuera, todos los frascos de medicina, ya sea para síntomas físicos o condiciones sicológicas, yo escribiría en las etiquetas: "tomar dos con la comida y sirve a los enfermos con bondad y compasión."

Sé cómo se escucha esto, yo soy una sicóloga cuya mente siempre está buscando explicaciones lógicas, investigaciones, y las fuentes de esta información. Todo lo que te puedo decir es que, yo sé sin duda alguna en mi mente, que el entendimiento y la práctica de esta sabiduría son la única cosa que realmente funciona. Son las semillas de nuestra bondad y compasión que les dan el poder de la sanación a las otras cosas como la medicina, cirugías, dietas y ejercicio.

Si tú, lector, eres como yo, querrás más que alguna historia de una persona para persuadirte de la eficacia de esta sabiduría. La única solución es convertirse en un científico. Inténtalo por ti mismo. Pruébatelo a ti mismo. Yo creo que esa es la forma correcta para poder aceptar o rechazar una idea nueva; apréndela, practícala, pruébala o refútala. Si decides practicar esta sabiduría serás una persona más saludable y feliz y obtendrás un resultado que no podrás detener.

El poder del regocijo

La historia de Josh, contada por su madre

Mi hijo Josh fue siempre un buen niño: despreocupado, inteligente, ingenioso, gentil y bueno con sus hermanos. Desde una edad muy temprana él fue su propia persona y nunca se dejó influenciar por la presión de sus amigos. Él fue estudiante de honor durante su primer y segundo año de preparatoria. En sus últimos años de la preparatoria notamos algunos cambios en Josh. Era menos sociable, un poco irritable y bajaron sus calificaciones. Él no estaba muy interesado en sus clases o en obtener buenas calificaciones. Intentamos hablar con él, pero no estábamos seguros de qué hacer y lo atribuimos a una etapa de la adolescencia.

Josh empezó su primer semestre en la universidad. Cuando estaba en casa durante las vacaciones de invierno recibimos sus calificaciones. Él había reprobado una de sus clases y tenía una "D" en otra clase. Cuando hablamos con él sobre eso, él rompió en llanto y dijo que sentía que algo estaba mal y que necesitaba ayuda. Nos dijo, "no me puedo levantar de la cama. Yo quiero hacer las cosas bien y me siento mal que no estoy haciendo lo que debo de hacer, pero no me puedo concentrar ni hacer nada".

Josh se mudó de nuevo a casa y empezó a ver a un psiquiatra, quien lo diagnosticó con ansiedad y depresión. Se le dio medicamento que le ayudó a retomar su camino. Pronto encontró un trabajo y comenzó a trabajar tiempo completo. Después de unos meses, Josh se mudó a su propio departamento. Ocasionalmente venía a casa los fines de semana o si había un evento familiar. No se veía completamente como él era antes pero estaba mejor. Por su propia cuenta, decidió dejar de ver al psiquiatra y dejar los medicamentos.

Josh vino a visitarme una tarde entre semana. Se veía bien durante todo el tiempo. Sin embargo, cuando se marchaba empezó a llorar. ¿Acaso ha regresado su depresión? Su lenguaje era desarticulado. No estaba concentrado o no tenía sentido. Resulta que él se había tomado unas pastillas para dormir que estaban en la casa. Cuando me di cuenta que se las había tomado, llamé al 911. Los paramédicos hablaron con Josh a solas y nos dijeron que había admitido que regularmente usaba drogas y alcohol. Lo llevaron al hospital en la ambulancia.

No nos permitían entrar al cuarto de consulta hasta que el doctor hubiese hablado con Josh. Mientras estábamos en el cuarto de espera, le llamé a Sarahni. Ella inmediatamente me dijo que empezara a pensar de una manera muy específica en todas las maneras en las que Josh había protegido la vida y ayudado a otros a través de los años y que empezara a regocijarme en todas las cosas buenas que él había hecho. Sarahni también me pidió que los compartiera con ella, para que ella y su esposo también se regocijaran. "Nosotros podemos cambiar esas semillas rápidamente", dijo ella.

En el hospital, supimos que Josh había estado tomando alcohol y usando todo tipo de drogas diariamente durante los últimos meses. La enfermera de urgencias dijo que necesitaba recibir ayuda rápidamente o si no probablemente moriría. Una vez que las drogas salieron de su sistema, salió del hospital. Eran las 3 a.m. Al caminar hacia la puerta, Josh me abrazó. "Muchas gracias por cuidarme siempre, mama" él estaba lúcido y contento. Se quedó la noche en casa. A la mañana siguiente él dijo que ya no quería ir al centro de tratamiento, pero que vería a un siquiatra nuevamente. Yo sabía que necesitaba más que la ayuda de un psiquiatría, pero no discutí con él y le dije que encontraría un nuevo psiquiatra.

Ese día me enfoqué en todas las cosas buenas que había hecho en su vida por sus amigos y los demás, y continué regocijándome en todo lo bondadoso que había en él. Cuando regresó a casa esa tarde, nos dijo que había decidido recibir ayuda del centro de tratamiento y que se mudaría de nuevo a casa si nosotros se lo permitíamos.

Le llamé a un amigo que tenía un contacto con un centro de tratamiento ambulatorio. Nos dieron la cita para la mañana siguiente. Josh inmediatamente se relacionó muy bien con la persona que lo admitió y decidieron empezar el programa sobre las drogas y el alcohol esa misma semana. Dos meses después, se graduó del programa, encontró un trabajo nuevo y regresó a la universidad.

Cuando recuerdo todo lo malo que le había ocurrido y como rápidamente todo cambió, realmente me quedo sorprendida, parece como si hubiera sido un milagro. Él había estado tomando demasiado durante mucho tiempo. No necesitamos "convencerlo" de que tenía que limpiarse y recibir tratamiento. No necesitamos hacer ningún tipo de intervención. Y casi sin resistencia alguna, él accedió a recibir ayuda. A los dos días de haberse inscrito como paciente ambulatorio, y a los dos meses, era ya virtualmente una nueva persona. Desde hace dos años él está limpio, trabaja felizmente y obtiene A's en la universidad en donde estudia dos licenciaturas. ¡Realmente siento que la práctica del regocijo cambió las cosas rápidamente y con muy poca resistencia!

¡Levántate y regocíjate!
¡O regocíjate y levántate!

Jan Henrikson

El dolor de espalda me obligó a cancelar una junta con mi cliente, Sarahni, para discutir su libro que trata de plantar semillas de bondad y regocijarse en las semillas de bondad que ya fueron plantadas. De pronto, me di cuenta. Yo estuve en tratamiento con un quiropráctico para tratar mi condición, y también usé parches para el dolor y suplementos. ¿Pero, por qué no darle una oportunidad al regocijo? Al principio me daba pena, me sentía rara y artificial. ¿Cómo es que yo realmente he ayudado a alguien a sentirse bien? ¿No debería estar haciendo mi trabajo de edición mientras estoy aquí tendida en la cama?

Después recordé: un acto de bondad por aquí, un pensamiento bondadoso por allá. De pronto mi cuerpo se encendió, todo, y sentí que ocupaba un gran espacio en lugar de estar constreñida por el dolor de espalda. El regocijarse se convirtió en un baño de amor para mi cuerpo que rápidamente y casi de una manera increíble mejoró.

Me sentí de la misma forma cuando recibí mensajes del Espíritu, Origen, el Yo superior, o como tú quieras llamarlo, que siempre está lleno de amor. Si tengo un dolor de cabeza o algún otro síntoma físico, estos desaparecen cuando recibo estos mensajes, después gradualmente regreso a mi conciencia "normal". Es muy liberador descubrir que no tengo que estar en un estado de meditación o un estado alterado para poder experimentar el mismo sentido de abundante bienestar. Lo único que tengo que hacer es recordar.

A la manera del arpa

Megha Roezealia Morganfield, M.S.

Yo fui alguna vez la princesa del dolor, y esto lo atribuyo parcialmente como un regalo de mi padre que murió cuando yo tenía cinco años. A pesar de que durante mi adolescencia yo sabía que yo era la única responsable de poder sanarme a mí misma en varias cuestiones (incluyendo la manera en que yo misma me convertía en una víctima) y el haber encontrado mi alma gemela en el arpa celta en mis veintes fue un momento crucial. Yo pensé que estaba aprendiendo a tocar mi instrumento para acompañar el repertorio de mis piezas, y lo hice con un gran gusto. Pero había otro aspecto de mi vida con el arpa que era igualmente importante, tocar para los que están muriendo y la comunidad que los apoya.

Me di cuenta de que podía ofrecer y transmitir una verdadera gracia... y que las gentiles ondas de sonido que surgían de las cuerdas del arpa que envolvía el presente, podían traer a la providencia. Aquí en un cuarto en donde la vida es transitoria, y en donde existen muchas facetas de dolor, yo podía humildemente apoyar este proceso. Llegar con mi arpa cada vez y encontrar otras almas en estos momentos, me llenaba de una gran paz. Mi pérdida personal y mis circunstancias habían sido el conducto de mi propio despertar... a través de mi arpa... para traer gracia: la vida y la muerte pueden ser una experiencia espiritual que nos da equilibrio y nos vuelve a ser un todo.

Cosechando semillas de amor

Rachelle Zola

El trayecto del taxi de Quito Ecuador fue de sólo 25 minutos. Le dije al taxista en español que me daba mucho gusto haber visitado su país. La gente es muy generosa y amorosa. Él sonrió. Después ya no cruzamos palabras.

Llegamos a la terminal sur. Él estacionó su carro. ¡Tomó mi mochila de la cajuela y empezó a caminar conmigo! ¡Él me estaba llevando a través de una terminal muy larga! Entonces él preguntó dónde estaba la taquilla. Llegó a la taquilla conmigo y le dijo a la empleada exactamente hacia dónde iba y me dijo cuánto costaba el boleto. Él esperó a que yo pagara. Entonces tomó el boleto y me pidió que lo siguiera. Recorrimos como la mitad de la terminal y luego llegamos a los camiones. "¡Cinco minutos!", dijo. Cuando llegamos al camión, él habló con el conductor para asegurarse de que fuera el camión correcto.

Estábamos casi sin aliento. El taxista y yo nos miramos uno al otro. Sin palabra alguna nos abrazamos como si fuéramos viejos amigos y nos dijimos adiós. "Adiós," me dijo. Me llevé la mano al corazón. Él se esperó hasta que subí al camión. Mientras escribo esto, estoy llorando. Tanto amor. Mi corazón está desbordándose de amor.

Nota: Rachelle recibió el conocimiento que le indicó que tenía que estar en Ecuador. Ella no sabía conscientemente el porqué. Sin embargo, ella escuchó. Llegó justo a tiempo para ayudar a un orfanato que se llenó de niños que necesitaban cuidados después de un terremoto. Su continuo sembrar de semillas de amor y compasión por otros resultó en un amor y compasión que regresaron a ella de una manera inesperada y profunda, como la aparente y espontanea conexión con un taxista.

Sé el cambio y cultiva semillas de extraordinaria bondad

Eliana Morris
elianamorris.path@gmail.com
path-edu.org

El último ciclo de siete años de mi vida fue crucial para mí. Me embaracé con un hermoso bebe hace siete años. Este evento tan profundo en mi vida que va más allá de una descripción me trajo un tipo de responsabilidad que nunca había experimentado. Como muchos padres saben, es prácticamente imposible sentirse preparado para la gran responsabilidad de cuidar a otro ser humano. Sin embargo, fue una gran fortuna haber invertido 10 años antes del nacimiento de mi hijo en un profundo aprendizaje y practica con mi maestro espiritual sobre cómo asumir responsabilidad personal y social en esta vida que estoy experimentando. Durante los primeros tres años, invertí aproximadamente 600 horas en estudios preliminares y prácticas de cómo plantar las semillas de bondad para que esta bondad se regresara. Era como estudiar la ciencia detrás de la Regla de Oro. Después invertí los siguientes seis años en "perfeccionar" mis estudios y en practicar con mi maestro espiritual por más de 500 días en un desierto remoto, cómo plantar semillas y cómo obtener una vida extraordinaria para mí y los demás. Además, una década anterior a convertirme en madre, yo ensené a niños, padres y educadores cómo "ser el cambio y cómo sembrar las semillas de extraordinaria bondad" que se convirtió en el lema de mi organización sin fines de lucro.

Con el nacimiento de mi hija, era hora de la función.

No más clases.

No más discusiones.

No más retiros ni meditar en el cojín.

¡Sólo permanecer en silencio y hacerlo! En el momento en que mi hija empezó a gatear, volví a mi cojín temporalmente, para practicar y crear una meditación de atención plena para todos los cuidadores. Esto es todo lo que podía hacer después de esta década tan increíble de buena fortuna y de haber aprendido y practicado "ser el cambio" para mi hija y el mundo que estamos heredando juntos.

Al utilizar la filosofía, métodos y prácticas de haber plantado semillas los últimos siete años, he podido alcanzar y sobrepasar mis metas. Compré una casa y pude pagarla sin tener un trabajo de tiempo completo, yo sólo trabajaba entre cinco y 10 horas por semana. El plantar las semillas me permitió crear el trabajo que tanto soñaba como educadora, ganando el doble del salario por hora sin tener que trabajar tiempo completo en un sistema quebrantado que dicta cómo y qué enseñar. Y lo más sorprendente de todo, es que al plantar semillas, mi hija nunca conoció o supo lo que era una guardería, y nunca ha estado sin su madre un sólo día hasta los cuatro años y medio (mis primeros dos días sin mi hija, estuve en un retiro solitario con gran gratitud). A mi hija le gusta bailar, la música, nadar y las clases de teatro. Ahora va a una escuela que está en un terreno de 15 acres. El director fundador de la escuela fue un estudiante de un estudiante de María Montessori, un linaje que llena mi corazón de educadora.

Aun así el principio de mi travesía como madre fue muy tumultuosa, con experiencias ásperas. A poco menos de dos años del nacimiento de mi hija, literalmente no tenía una casa. Vivíamos con un total de 750 dólares al mes. Tenía muy pocos conocidos en nuestra nueva ciudad. Estaba ansiosa por encontrar un hogar seguro y procurar los recursos para cubrir nuestras necesidades básicas. Necesitábamos encontrar amigos que algún día estudiaran y practicaran el sembrar semillas para que mi hija y yo pudiéramos cultivar una verdadera comunidad. También necesitaba un socio que tuviera las habilidades y conocimientos necesarios para recabar fondos e impulsar los proyectos y programas de plantar semillas. Pero lo más importante en este momento de maternidad con un pequeño bebe, era criar a mi bebe con una consciencia plena. Estaba decidida a alcanzar estas metas sin tener que meter a mi hija a una guardería.

Como madre de una hija muy pequeña, sin casa y sin trabajo, nunca me había sentido tan sola y vulnerable. Era la mejor temporada y el mejor tiempo para adoptar y poner en acción la idea de plantar semillas para nuestro futuro y crear una vida extraordinaria. Tomé varias respiraciones profundas y me hice cinco promesas a mí misma y para mi hija, para poder plantar las semillas que crecerían en una vida extraordinaria para nosotras:

1. Mantenerse positiva.

Sonríe aun cuando te duela el corazón, y a pesar de que sea muy tentador creer que tú eres una víctima. Lo "extraordinario" se debe encontrar en el momento presente. Yo seré responsable de encontrar estos indicios de amor que siempre están presentes (¡encontrar a alguien quien esté sintiendo más dolor que yo es siempre una puerta de entrada al corazón cuando te duele el corazón!). No es lo mismo que enmascarar el dolor o reprimir los problemas.

2. Tener fe en la bondad.

Tener fe en plantar semillas de bondad, paz y gozo. El entendimiento de que la bondad sólo proviene de la bondad, debe estar arraigado en tu mente para tener fe. Esta fe en la bondad es lo que motiva mi próxima acción, especialmente cuando las cosas son tan difíciles en este momento. Crear este pozo de sabiduría, es la tierra fértil que se necesita para "plantar las semillas" de la realidad. Es mi responsabilidad encontrar la prueba y la relación entre las causas y los resultados en mi vida. Es una ciencia encontrar la verdad de que plantando semillas de bondad florecerá la bondad. Cuando encuentres la prueba en tus propias historias de bondad y cuando encuentres la verdad de la bondad en las historias de otros, tendrás la energía y la perseverancia que necesita un jardinero.

3. Honra tu "verdad temporal".

Honra tus emociones y tus experiencias. Aun cuando duela y la vida sea difícil, honra tus verdaderos sentimientos. No pretendas que no están ahí. ¿Acaso estos sentimientos de dolor y pensamientos constantes e impermanentes, provienen de una causa anterior que puede ser cambiada? Mi respuesta en el momento de dolor es: ¡a quién le importa la última verdad y la realidad! Ahora, en este momento, en que mi corazón sufre, necesito honrar mi "verdad temporal" y debo ser buena y honesta conmigo misma. ¡Es una situación pésima y necesito tiempo para sentirla y procesarla! De esta manera, te honras a ti misma al honrar cómo estás viviendo esos sentimientos sin importar la "última verdad". Hay un tiempo y lugar para la "última verdad". **Sin embargo, esta "verdad temporal" sólo trabaja si tú haces lo siguiente:**

(a) Respira a través del dolor y recuerda que temporalmente pensarás pensamientos desagradables. Tus sustantivos propios pronto se convertirán en sustantivos comunes. ¡Culpa, victimización, coraje y tristeza pasarán! Tú historia tendrá un final.

(b) ¡Haz un esfuerzo por tener esperanza o reza para que tu actitud positiva y tu fe en la bondad regresen!

(c) Al momento (¡horas, días, semanas!) de tu sufrimiento y aflicción mental, intenta arduamente recordar que lo que estás sintiendo y experimentando es para un propósito esencial. ¡Tú podrás ayudar a otra persona con el mismo tipo de dolor en el futuro! Adopta tu experiencia para que puedas sanarte a ti mismo del dolor y puedas sanar a otros. Espero que puedas ayudar a muchos, pero muchos seres que tengan el mismo problema, y cuando estés listo, ¡promete que lo harás!

4. ¡Lo que sea que tú quieras, regálalo!

Ésta es la lluvia y la luz del sol para tus semillas de grandeza. La tierra fértil (estudiar la sabiduría de "plantar semillas") se desperdicia si no tienes la comida que tus semillas necesitan para crecer. Es muy importante que entiendas este concepto literalmente y que creas en él. Hay muchas maneras muy creativas de ser generoso.

Regala dinero si lo que quieres es dinero. Regala casas si lo que quieres es una casa (¿no puedes acaso construir una pajarera? ¿O poner una caja con una cobija afuera para un gato callejero?). Regala tu amistad si lo que quieres es amistad. Regala enseñanzas si lo que quieres es una buena escuela para tu hijo. Sí, hay muchas maneras en las que puedes dar dinero a pesar de que no tengas dinero. Hay muchas maneras muy creativas y virtuosas de regalar cosas. ¡Puedes realmente regalar cosas a pesar de que parezca que no las tienes! (daré ejemplos más específicos sobre mis experiencias personales en los siguientes párrafos).

Esto puede ser muy engañoso. El plantar semillas no funcionará si lo único que quieres no te ayudará o ayudará a los demás. Tus deseos deben de estar fundamentados en la bondad, paz y gozo. También tus deseos tienen que tener las tres E: eficaces, efectivos y extraordinarios para traer felicidad al mundo. De ti depende encontrar esta conexión. Si no puedes, entonces sigue adelante.

(En mi currículum de "plantar semillas" tenemos siete principios para ser padres y educadores con una mentalidad ética que nos ayuda a entender lo que es eficiente, efectivo y extraordinario).

Finalmente, deja de lado tus ataduras de cómo serán tus metas cuando las hayas logrado. ¡Lo que deseas y cómo se manifestará después de haber plantado semillas puede ser mejor de lo que esperabas! Deja esos detalles a los poderes de la bondad. Sin embargo, tú eres responsable de los detalles de las causas. Tú eres responsable de poner los detalles de ¡amor, paz y gozo en acción!

Mientras más detalles pongas en la fe, la planeación y los actos de bondad, más exitoso serás como jardinero al plantar tus semillas y los resultados llegarán por sí solos.

De quién, cómo y de dónde tú pienses que surgen estas bondades y sus causas, viene de un asunto muy personal e íntimo, tú entendimiento personal sobre las causas de la bondad te dará el poder de cómo hacer del mundo un mejor lugar. Pero tú eres el responsable de trabajar con el origen de esta bondad, para que seas el instrumento de paz en esta realidad terrena.

5. ¡Celebra y dedica!

No tomes esto a la ligera. Asegúrate de que tus celebraciones estén directamente relacionadas a los sinceros esfuerzos que realizaste para plantar semillas de bondad. De nuevo, mientras más atento estés de las causas/esfuerzos, ¡tendrás aún más que celebrar! Planea espontáneamente un minuto o 24 horas de celebraciones en tu práctica diaria de plantar semillas de virtud. ¡Si estás siguiendo las leyes de plantar semillas, tendrás realmente algo que celebrar!

Finalmente, ¡DEDICA! Quiero que mi mente se llene con esperanza, oraciones y acciones para ayudar a otros y para que mi corazón y mi mente estén preparados para identificar los momentos en los que puedo ayudar. Esto es un método científico de cómo tu cerebro trabaja para crear buenos hábitos. Mientras más consistente seas en dedicar tus buenos esfuerzos, en plantar semillas, en tu planeación, preparación, siembra y celebración de virtud; tu mente y tu corazón tendrán más capacidad para hacerlo nuevamente.

Encuentra a personas que necesiten algún tipo de sanación y felicidad. Comprométete a aliviar el dolor de una manera detallada de la misma manera que tu corazón quiera ser sanado.

Una vez que tu corazón haya sanado, tendrás aún más que ofrecer y celebrar.

Esto fue lo que sucedió:

Cuando no tenía una casa, yo no tenía una casa que regalar y realmente no conocía a nadie, así que ¡no podía visitar a nadie a sus casas! Sin embargo, tenía la determinación de ser una artista cuando se trataba de crear un hogar para mi hija. Empecé con la tienda de abarrotes.

Cuando veía a los empleados de la tienda, yo asumía que habían estado trabajando por muchas horas, y que la tienda era como su segundo hogar. Yo haría mejor su casa al guardar los carritos del mandado, al sonreír y apreciar la tienda. Entonces dedicaba estos actos de virtud a encontrar una casa segura y hermosa para mi hija. Hice lo mismo en los parques y a cualquier parte que yo iba. En una semana ya teníamos un hermoso departamento. En un mes, un hermoso estudio y en seis meses una casita de 750 pies cuadrados con un bonito patio y jardín que compartíamos con otra mamá soltera y un niño al que mi hija consideraba como su "primo." No tiene precio.

Entonces comencé a conocer a otras personas, lo que me llevó a trabajar con un grupo de seis a 10 mujeres. En el jardín y el patio nuevos, yo organizaba juegos grupales para que los padres sintieran los beneficios de la comunidad. Coordiné "días para hacer manualidades" para que el material con el que nuestros hijos plantaran semillas se hiciera mientras los niños jugaban. Hablé en detalle con cada uno de los padres sobre como "plantar semillas para la felicidad" para mantener una familia saludable. Cuando nuestra hijo más pequeño cumplió cuatro años, el grupo de padres de familia estaba listo para enseñar a plantar semillas; ese fue un poderoso fertilizante para nuestras semillas de la felicidad.

Al estar regalando programas, juegos de grupo y apoyando uno a uno a los cuidadores, estaba intencionalmente creando un hogar más pacífico para estos padres con sus familias. Yo estaba regalando lo que yo quería. Yo estaba "siendo el cambio". Estaba tratando a otros de la manera en la que yo quería ser tratada. Yo quería una comunidad y un hogar para mi hija. Por lo que yo regalé mi comunidad y compartí mi hogar.

Ya no cabían las familias con las que estaba construyendo una comunidad en mi pequeña casa de 750 pies cuadrados. Era tiempo de movernos a una casa más grande y a una comunidad más grande. Mis semillas florecieron en una covivienda en comunidad de un acre, que contaba con cuarto de juegos, jardín orgánico, alberca, jacuzzi y un gran centro comunitario y área de juegos.

Mi comunidad me dio mucho apoyo y cuidados para mí y mi hija. Continué ayudando a cuidadores a encontrar casas rentadas, compartí mi casa con un estudiante en internación **(siempre manteniendo mi intención de ayudar a otros para crear un hogar pacífico y seguro para el bienestar de mi hija)**. Muy pronto el dueño ofreció venderme la casa que estaba rentando, incluso dándome el préstamo que necesitaba para la compra. Lo hicimos basado en la confianza personal, sin bancos y sin depósito.

En cuestión de trabajo, empecé a cuidar a un niño mientras mi hija estaba conmigo. Necesitaba un trabajo de medio tiempo. La mayoría de los trabajos de medio tiempo en el área de la educación sólo pagaban el salario mínimo. Entonces empecé a buscar otras personas que necesitaran trabajo e ingresos. Yo esperaba y rezaba para encontrar gente que necesitara esta ayuda, especialmente a las personas que cuidan niños. Visualizaba cómo podría ayudar a otros y visualizaba cómo mis héroes podían ayudar a otros (¡detalles!).

Empecé por ayudar a otros en su trabajo gratuitamente, especialmente a aquellos que tenían hijos pequeños. Yo llevaba a sus hijos a donde tenían que ir, mientras sus madres trabajaban. Ayudé a una madre adoptiva quien era la fundadora y directora de una escuela para estudiantes "de riesgo" prestando mis servicios como voluntaria en dos de los salones de su escuela. Ayudé a una mamá que tenía su propia guardería en su casa. Yo continuaba regalando trabajos y facilitando el trabajo de los demás. Fue entonces cuando alguien de mi comunidad me preguntó si quería dar tutorías a estudiantes. Empecé con dos sesiones por semana con un niño. Cuando preguntaron cuánto cobraría, les pregunté cuánto le habían pagado al tutor del año pasado. Era cuatro veces la cantidad que yo estaba ganando por hora.

Continué plantando semillas al ayudar a los cuidadores, educadores y niños. Ahora trabajo 20 horas por semana y doy tutorías en matemáticas y lectura, mientras gano el mismo salario que tenía cuando era maestra de tiempo completo antes de que naciera mi hija. Colaboro con los maestros que son buenos, bondadosos y que están dispuestos a trabajar juntos para ofrecer los mejores beneficios a las familias con las que trabajamos. Mis dos sesiones semanales se convirtieron en 15 sesiones por semana. Tres de las siete familias con las que trabajo han adoptado hijos quienes tienen una gran necesidad de cuidado y amor. Visualicé todos estos detalles antes de encontrar a estas familias con las que ahora trabajo. **¡Y esas familias me encontraron a mí!** Aun no tengo tarjetas de presentación, panfletos o página de Internet. Sólo tengo semillas.

Este horario me permite dedicarle tiempo a los proyectos de mi organización no lucrativa. Ahora tengo una docena de familias que me están ayudando a concebir y producir el material curricular que necesitamos para el currículo de plantar semillas que nosotros practicamos en nuestros hogares y escuelas. Ahora tengo los amigos más sabios, hábiles y verdaderos como mis socios, así como también una comunidad de media docena de familias que dedican su tiempo a mi organización no lucrativa. Ellos cosen, tejen, organizan eventos para recaudar fondos y estudian los métodos para plantar semillas como una comunidad para nuestros hijos. ¡Más semillas que plantar!

Lo más importante es que puedo llevar a mi hija a la escuela, recogerla y ponerla en la cama por las noches. Puedo estar presente y conectarme con mi hija y hago un gran esfuerzo para ser una madre con una mente ética.

Mi hija ahora tiene siete años. Necesito cambiarme cerca de la escuela de mi hija ya que tengo que viajar tres horas todos los días. Vendí mi covivienda y recibí la cantidad que pedí por ella (¡semillas!).

Espero que en otros siete años, mi hija y yo podamos tener más contacto con la naturaleza y podamos trabajar juntas en la tierra que vivamos. Tú sabes, algo así como vivir en la ciudad pero en una granja con pasto verde y árboles altos... en el desierto. ¿Suena descabellado?

De nuevo, ¡no dejes que tus tendencias humanas se lleven lo mejor de ti! Eres más grande que sólo una persona.

Sueña con algo grande, plántalo y vívelo. Tu corazón fue diseñado para estar más allá de las barreras de tu cuerpo.

Ahora vivimos en un rancho de ocho acres con caballos a las orillas de la ciudad y a menos de 10 minutos de la escuela de mi hija (¡en donde ahora estoy iniciando un programa piloto para las escuelas llamado Camino, PATH por sus siglas en inglés, "plantando semillas"!).

¡La vista es ahora montañas, zacate verde, árboles altos y caballos, en el desierto! Nuestra "familia anfitriona" es una familia que ha sido dueña de la granja por más de 20 años y sus hijos crecieron ahí y están muy contentos de tener una niña de siete años con un caballo y que quiere trabajar en el jardín orgánico.

Es asombroso cómo el amor que hace a estas semillas de bondad crecer es paciente, resistente y bondadoso. ¿Por qué no tener algo de fe en la bondad y cultivarla?

Más allá de las ideas de hacer el bien y hacer el mal hay un espacio.
Ahí te encontraré.

Rumi

Reconocimientos

Mi gratitud por su ayuda:

Ven. Lob sang Kading, Kat Ehrhorn
Connie O'Brien, RN
Rene Miranda, MD
Ven. Lobsang Kunga, Roberta Funck, PA-C
David K. Stumpf, PhD (mi amado esposo)
Ann Curry, PA-C
Jan Henrikson, editor extraordinario
Richard Fenwick por el diseño de este libro
Lori Lieber por su diseño de portada
Vimala Sperber por sus ilustraciones
Katey Fetch por la fotografía de Juniper, el perro con la pluma, perdón, quiero decir con el juguete para mordisquear
Drime Lockhart, Alejo de la Rosa, Bertha Velasco, Marina Kolaric (equipo de traducción al español)
A todos aquellos que compartieron sus historias

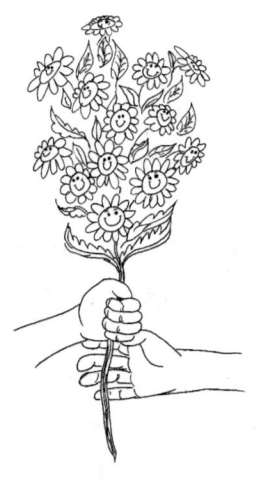

Sobre Sarahni

Sarahni Stumpf (anteriormente Susan P.) dejó su carrera de más de 20 años como ayudante médico y acupunturista para seguir su camino espiritual. 12 años después, durante 40 meses de meditación solitaria, su carrera y su camino espiritual se unieron y un gran entendimiento sobre su conexión le fue revelado. Ahora, ella disfruta de sus dos pasiones, compartir la sabiduría de las verdaderas causas de la sanación a través de este libro y seminarios, y enseñando en línea el currículo de la antigua sabiduría y sus prácticas del Asian Classic Institute. Sarahni vive con su maravilloso esposo David en el desierto del condado de Pima, Arizona.

Jan Henrikson ha tenido el placer de ser el guía sherpa para varios libros de muchos hombres y mujeres inspiradores como Rae Jacob, autor de Acupuncture for your Soul y de Paige Valdiserri, autor de The Red Bag. Su vida se enriquece al ser el guía para muchos autores al transformar sus sueños en libros, y sus borradores en manuscritos completos que también han enriquecido la vida de sus lectores. Qué alegría estar inmersa en las enseñanzas que Sarahni está compartiendo en este libro y que estás leyendo en estos momentos. Puedes contactar a Jan a través de su correo electrónico janlight13@gmail.com.

Vimala Sperber: A pesar de tener una maestría en geología marina, su amor por las artes y sus habilidades artísticas la llevaron a una carrera de 10 años como la dueña de la galleria Mimi Ferzt en Soho, Manhattan, Nueva York. Para continuar con su camino espiritual, Vimala dejó ese estilo de vida. Sin embargo sus habilidades como dibujante le han permitido ayudar a otros a poder mejor visualizar sus meditaciones y por supuesto refinar las de ella. Su estilo simple es muy apreciado. Actualmente es curadora de exhibiciones de arte sobre meditación.

Vimala también es la cofundadora de Threads of Wisdom, una organización no lucrativa que apoya a mujeres refugiadas y les enseña a cocer pastas de libros de textos antiguos, y de esa manera les proporciona a estas mujeres refugiadas la oportunidad de trabajar legalmente e incorporarlas a sus nuevas comunidades. Para más información sobre este proyecto por favor visite la página www.threadsofwisdomproject.org.

Richard Fenwick diseña libros impresos y en línea de diferentes autores y también trabaja como traductor ruso de los sobrevivientes del holocausto de la antigua Unión Soviética. Su poesía ha sido publicada en publicaciones trimestrales como Rattle, The Virginia Quarterly Review y Adirondack Review, y su primera colección de poemas, Around the Sun Without a Sail, fue publicada en el 2012. Puedes contactar a Richard a través de su correo electrónico fenwickpoems@gmail.com.

Drime Lockhart. Traduccion al Español. Actualmente estudiante de medicina de la Universidad Autonoma de Ciudad Juarez, Mexico, despues de una larga carrera en las artes esceni-cas. Amante de los animales, el arte y la cultura, desea obtener la sabiduria y la fuerza para aliviar el sufrimiento ajeno a traves de las enseñanzas de Lama Sahrani

www.ingramcontent.com/pod-product-compliance
Lightning Source LLC
Chambersburg PA
CBHW071359290426
44108CB00014B/1606